AF309044

UNE PETITE PATRIE

dans la Mère-Patrie

E. MONTALAND
Curé de Marchampt

Une
PETITE PATRIE
dans la Mère-Patrie

LYON
Imprimerie J. PERROUD
14, rue de la Charité

—

1919

"Une Petite Patrie dans la Mère-Patrie"

Monsieur le Vicaire Général,

Il m'est agréable de soumettre à votre approbation ce modeste travail relatif à la paroisse que l'autorité diocésaine m'a confié dans le but de continuer le bien accompli par mes vénérés prédécesseurs, et de maintenir, malgré l'athéisme du siècle, la réputation de cette paroisse classée jusqu'ici parmi les plus religieuses du haut Beaujolais.

Je serai largement récompensé de mes peines, si la lecture attentive de ce présent opuscule attachait plus fortement les Fidèles à leur paroisse, plus encore à leurs Pasteurs. Le souvenir de leur fructueux ministère sera la voix la plus éloquente et le guide le plus sûr dans la voie de la perfection chrétienne.

Daignez agréer, Monsieur le Vicaire Général, l'assurance de mes sentiments respectueux et dévoués en Notre-Seigneur.

E. MONTALAND, curé.

Marchampt, le 18 août 1919.

Préface

CHERS PAROISSIENS,

S'il est vrai qu'un père de famille s'estime heureux
de procurer le bonheur de ses enfants par des souve-
nirs opportuns, que faut-il dire de votre Curé, père de
vos âmes, trop heureux de vous être agréable et de répondre à vos désirs par ce petit livre que vous lirez souvent et que vous conserverez précieusement ?

En effet, il vous fera aimer votre pays au site en-
chanteur ; il vous fera connaître, avec leurs actes, les
Pasteurs qu'il a plû à la Providence de vous envoyer
pour le salut de vos âmes. Qui de vous ne se plaira à
la lecture de ces pages qui vous rappelleront l'origine
de Marchampt, la construction de votre belle église
paroissiale et de la chapelle de Notre-Dame Auxiliatrice ; les œuvres diverses qui prirent naissance au fur
et à mesure des circonstances, etc. ?

Vous le savons, le bulletin cantonal, paru du 1er janvier 1909 au 1er novembre 1917, relate une partie des
faits qui sont consignés dans cet ouvrage et qui sont
dus, pour la plupart, aux recherches minutieuses de
M. le Curé Provenaz ; mais, le groupement des faits que
nous appellerons volontiers « notre histoire locale » a
été le motif déterminant de ce travail.

PRÉFACE

Vous ne resterez pas insensibles à nos vues personnelles, quand vous retrouverez les noms glorieux de vos enfants morts pour la Patrie durant cette guerre franco-allemande. Ces pages seront ainsi l'expression de la reconnaissance et du souvenir perpétuel.

Il nous est doux de penser que vous aimerez davantage votre petite patrie ainsi que votre paroisse. Vous aurez à cœur de rester toujours fidèles aux principes religieux dans lesquels vous avez été élevés. Ainsi vous vous assurerez le bonheur éternel réservé aux bons serviteurs de Dieu dans la Céleste Patrie.

MONTALAND, curé.

Marchampt, le 8 septembre 1919.

MARCHAMPT

Site.

Marchampt est un coquet village de 848 habitants, enfoui dans la verdure et gracieusement encadré par les sommets des monts du Beaujolais. Du mont Soubran (898 mètres), qui domine le village, le panorama est inoubliable sur la Bresse, le Jura, les Alpes de Savoie et le Dauphiné. Un chemin vicinal qui conduit à Claveisolles, à travers de jolis paysages boisés et verdoyants, découvre au regard ravi des horizons immenses. L'air y est d'une limpidité admirable; la tranquillité de ce petit coin inspire le recueillement et le silence ; et l'on peut même ajouter que le soleil y a pour ainsi dire distillé dans le vin des coteaux un peu de sa chaleur et de sa vie.

Origine.

M. l'abbé Provenaz, qui fut curé de cette ravissante paroisse, de 1884 à 1896, et dont on se rappelle l'esprit plein d'érudition, avait patiemment recherché dans les bibliothèques et les anciens manuscrits d'où pouvait venir le nom de Marchampt.

Il trouva plusieurs réponses ; trois particulièrement dont la dernière seule, étymologiquement parlant, peut avoir quelque vraisemblance. Les voici : les uns, dit-il, trouvent la racine de Marchampt dans *mercatores*, mot qui signifie *marchands* ; — d'autres dans *ambulantes*, mot qui signifie *marchant* : mais l'opinion la plus commune la tire de *campo Martis*, mots qui signifient : champ de Mars ou campement romain. De là viendraient les formes d'orthographe variées avec lesquelles on a écrit Marchampt. On trouve tantôt « Marchand », tantôt « Marchampt » ; et, depuis quatre-vingts à quatre-vingt-dix ans, « Marchampt. »

Reprenons chacune de ces réponses avec les explications qu'elles comportent.

PREMIÈRE HYPOTHÈSE : *mercatores*. — Cette localité était une immense forêt. Il y a encore dans le pays des titres anciens qui font mention des bois qui couvraient la majeure partie de Sagnié, des Villiers, des Bous-Claudes, etc. Le hameau appelé Rebois (primitivement, il y a seulement un siècle) s'appelait « hors bois », etc. Les premiers habitants qui s'établirent dans ces forêts, étaient presque tous des marchands de bois, d'où serait venue la dénomination du lieu : mercatores, marchands.

DEUXIÈME HYPOTHÈSE : *ambulantes*. — Ces premiers habitants, n'ayant pas d'église, allaient aux offices à Saint-Nizier de Quincié qui fut, dit-on, incendié par le baron des Adrets ; d'où il a retenu le nom de Saint-Nizier-le-Brûlé. Le bourg de Quincié n'était pas sur l'emplacement actuel ; il était à Saint-Nizier. Or, les gens de Saint-Nizier disaient à ceux de Marchampt : « Pauvres gens ! Vous avez bien du chemin à faire pour vous en aller... ; et, ceux-ci de répondre : « En marchant, nous arriverons. »

TROISIÈME HYPOTHÈSE : *martis campus*. — Il paraît qu'à l'époque où Jules César fit la conquête des Gaules, ses troupes s'avancèrent et formèrent un camp vers la source du ruisseau de Samson : de là Marchampt, Martis campus. Ce qui confirme cette dernière explication, c'est qu'en défrichant naguère l'endroit présumé du camp, on a trouvé un vase de cuivre contenant des monnaies de différentes dimensions, frappées à l'effigie de Dioclétien ; des briques à rebord, un cachet romain et des hallebardes. D'autres découvertes en divers lieux ont été faites depuis une cinquantaine d'années. Aux Grandes-Terres divers vestiges de très anciennes constructions ont été reconnus en divers endroits. Le sieur Paul Jomard, faisant miner une terre vassible, au lieu du territoire « de Dole », pour planter des vignes, trouva dans toute l'étendue du sous-sol quantité de briques rouges, travaillées de différentes manières. Les unes étaient ornées de moulures ; les autres unies avec rebord d'un côté ; mais, très peu étaient dans leur entier. Les ouvriers recueillirent aussi deux haches que la rouille n'avait pas entièrement détruites.

A la même époque, le sieur Jean Chazy minait un pré au lieu de la Barbotière, sur le chemin du Bourg à Sagnié. Il découvrit de nombreuses briques du même genre, des restes de murs et une pierre brute carrée, sur laquelle étaient très bien conservées des cendres ; cette pierre semble avoir été le foyer de la maison.

Il y a environ trente-cinq ans, Dubost du Bourg, travaillant à son pré du Colombier, pour le niveler, mit à jour une grande quantité de briques ; à une profondeur de 2 mètres, il rencontra les fondations d'un mur en pierre où ne paraissait aucune trace de ciment. Tous ces faits témoignent que Marchampt est depuis fort longtemps peuplé ; car, aucune tradition, aucun titre ne fait mention de la présence de ces habitations. Un titre que possédait J.-B. Combet annonce qu'il y a trois cent dix ans, sur la montagne de Charnay, existait un hameau dont on ne connaît plus aucun vestige. Le mas de Charnay, signalé dans ce titre, n'a pu être abandonné que par suite des intempéries de l'air ; mais, les autres habitations, situées dans des lieux beaucoup plus favorables, ont probablement été détruites par la guerre, la peste ou la famine.

Famille des de « Marchampt ».

Il n'est pas sans intérêt de relater ici quelques notes sur l'ancienne et noble famille des « de Marchampt ». Nous les avons trouvées dans un ouvrage intitulé : *Les mazures de l'Ile-Barbe* et composé par un savant religieux français, nommé Le Laboureur, né à Montmorency, en 1623 et mort en 1675.

Les « de Marchampt » ou Marcampo, écrit-il, étaient du Beaujolais, près de Beaujeu. C'était une noble maison dont je déplore la perte ; mais il n'y a rien de permanent dans ce monde. Leurs armoiries étaient d'argent au chef bandé de gueule et d'hermine, de six pièces. (*Extrait de Le Laboureur*, supplément aux *Mazures de l'Ile-Barbe*, page 17).

Or, ces armoiries nous ont été conservées. En effet,

nous possédons, vers la porte du clocher qui a servi autrefois d'entrée à l'ancienne église, un bénitier encastré dans le mur, en beau granit, gardant fidèlement ces armoiries profondément sculptées et très visibles.

En 1220, Guillaume de Marchampt qui, outre la moyenne et basse justice d'Anse, possédait de vastes domaines à Saint-Germain, Curis, Poleymieux, etc., les inféoda au Chapitre primatial.

En 1284, Girin, abbé de l'Ile-Barbe, renouvelle les anciens statuts de son église, de l'avis de ses religieux au nombre desquels figure Guichard de Marchampt, Prieur de St-Romain-en-Jarez (*Mazures de l'Ile-Barbe.* t. Ier, p 187.) On n'admettait dans le monastère que des moines appartenant à la noblesse (*Ibid.*).

En 1275, un Louis de Marchampt, en Beaujolais, est chanoine-comte et prévôt de l'église de Saint-Jean de Lyon. Il légua au Chapitre une île appelée Beyna, située près de Saint-Germain sur la Saône. (M. Jacques ; *Hist. de l'église de Saint-Jean,* p. 203.)

Vers l'an 1360. Hugues de Marchampt, chevalier, épousa Catherine de Varennes. Il en eut quatre fils et deux filles. Catherine fit son testament le 25 août 1391. — A Guillaume de Marchampt, son aîné, elle donna sa maison de Lucenay ; il eut une fille religieuse du nom de Catherine ; — Guillaume de Marchampt, le second de la famille eut, après la mort de son frère, la maison de Lucenay; — le troisième fils de Marchampt fut Henri, chanoine d'Auxerre : — le quatrième, Pierre de Marchampt : — Alix de Marchampt était religieuse à la Bruyère avec Catherine, sa nièce, fille de Guillaume, l'aîné ; Bonne de Marchampt épousa Jean de Mentrans (*Le Laboureur, preuves de noblesse,* p. 632.).

« Amelise de Propières, fille de Milon de Propières, fut la dernière de la branche des seigneurs de Marchampt qui avaient changé leur nom de Marchampt contre celui de Propières depuis plus d'un siècle, à la suite du mariage de Louis de Marchampt avec Huguette de Propières. Celle-ci était la dernière de l'ancienne famille de ce nom : dès lors, ses enfants prirent le nom de Propières : XIVe siècle (Extrait d'un Mss trouvé au château de Poule).

De loin en loin en retrouve, dans les archives, mention

de quelqu'un des survivants de l'illustre famille des
Marchampt disparue peu à peu au xiii° siècle. Par
exemple, en 1298, lorsque Gui, seigneur de Saint-Tri-
vier-en-Dombes, eut fait construire le château de Beaure-
gard-sur-Saône, il en fit hommage à Guichard, seigneur de Beaujeu. Henri de Villars s'en offensa, prétextant que ce château avait été construit dans le fief de
l'église de Lyon. Il fut décidé que l'on arborerait deux
étendards au château, l'un des armes de l'Archevêque
et l'autre du sire de Beaujeu. Les cautions de l'observation de ce traité furent, pour les seigneurs de Beaujeu et de Saint-Trivier : Miles de Vaux et Josserand de
Marchampt (Ménétrier, *Histoire consulaire*, p. 255.).

Depuis le xiv° siècle, Marchampt a été sous la domination de plusieurs seigneurs. En 1470, un sieur Jean
de la Polletière, fils d'Antoine de Marchampt, avait
des droits sur la paroisse et retirait des servis. En
1575, une Dame Catherine de l'Ile-Barbe retirait aussi
des droits. Avant 1719, le maréchal Hugonin était seigneur du hameau de Latriche-le-Vieux. En démolissant,
en 1840, la chapelle dite de Laval ou chapelle de la
Sainte Vierge, dans l'ancienne église, on a découvert,
sous le premier mortier d'une des parois latérales, le
portrait sans doute du fondateur. C'était un chevalier,
monté sur un coursier écumant, casque en tête, armé du
bouclier et de la lance. On suppose que c'était le seigneur de Laval dont le dernier rejeton existait il y a
environ cent quarante ans et était connu sous le nom
de Jean de Laval. On ne sait plus où était son habi-
tation.

Mais, quels que fussent les droits de ces petits seigneurs, ils n'étaient rien en comparaison de ceux de
la famille des Nagu, marquis de Varennes.

Famille des « Nagu. »

Dès l'année 1526, la haute, moyenne et basse justice
des paroisses de Quincié et de Marchampt avait été
promise à Hugues de Nagu par Charles de Bourbon,
seigneur du Beaujolais.

Hugues de Nagu naquit en 1473. A la mort de son
père, 1504, il devient seigneur de Varennes. Sur ces en-
trefaites, en 1524, le connétable Charles de Bourbon,

sire de Beaujeu, s'étant révolté contre son roi (le roi François Ier), Hugues de Nagu le suivit dans son crime. Il l'accompagna en Italie, servit sous ses ordres dans l'armée impériale et assista à la bataille de Pavie (1525).

Il fut puni de sa félonie : ses biens furent confisqués et donnés à Philibert, son frère. Mais le connétable de Bourbon ne laissa pas son complice sous le coup de cette confiscation. Le 20 avril 1526, il lui donnait, pour l'indemniser et le récompenser de ses services, la justice haute, moyenne et basse de Quincié et de Marchampt.

Hélas ! Hugues de Nagu ne put jouir lui-même de cette donation ; car, son protecteur, puni à son tour de confiscation, vit le Beaujolais passer entre les mains du roi qui fit vendre, par son commissaire, ladite justice ; et, ce fut Guillaume Barjot, seigneur de La Palud qui l'acheta.

Le Connétable mourut au siège de Rome, le 6 mai 1527. Hugues de Nagu fit alors sa soumission au roi et fut remis en possession de ses biens antérieurs. Cependant la justice de Quincié et de Marchampt ne lui fut pas attribuée. Elle ne le fut à sa famille qu'en 1573, par contre échange à Jean de Nagu, son petit-fils, par le duc de Montpensier.

Hugues de Nagu mourut en 1540 et fut inhumé dans l'église de Marchampt, chapelle des seigneurs de Varennes (voir *Mss de Louvet.*).

Il laissait six enfants dont le second, Pierre, fut chanoine, comte de Lyon et curé de Quincié. L'aîné, Philibert de Nagu, lui succéda comme seigneur de Varennes. Il fit hommage de fidélité au roi François Ier ; sa vie fut exempte de vicissitudes et il mourut en janvier 1560. Comme son père, il fut enterré dans l'église de Marchampt.

Son fils aîné, Jean II de Nagu, lui succéda (1560-1597). Il n'avait encore que quinze ans. C'est sous sa domination que la justice de Marchampt fut définitivement attribuée à sa famille. Louis de Montpensier, héritier du Connétable de Bourbon et sire de Beaujeu (car le roi avait rendu le Beaujolais à ses seigneurs), racheta, en 1572, de Philippe Barjot de La Palud, fils de Guillaume, la justice haute de Quincié et lui céda la moyenne et la basse, à l'exception du tènement de Varennes, en échange de quelques rentes. Quelque temps après, Jean II de Nagu réclama l'ancienne dotation de la justice faite, par le Connétable, à son grand'père Hugues de Nagu, en 1526. Le 9 mars 1573, le duc de Montpensier lui rendit la justice complète de Marchampt. Quant à Quincié, il lui rendit seulement la justice haute, ayant cédé la moyenne et la basse à Barjot, ainsi qu'il est dit plus haut.

Avant 1803.

Marchampt : Chapelle vicariale.

Après avoir connu l'origine de notre pays et des familles qui l'ont illustré, il importe de savoir que l'érection de Marchampt en paroisse ne date que de 1803. Précédemment son église était sous la juridiction du Curé de Quincié qui y entretenait un Vicaire spécial à portion congrue. Voici la liste des ecclésiastiques qui ont desservi le territoire de Marchampt depuis le 17 mars 1627 :

MM. Jicu, chapelain de Varennes ;

Hugon, vicaire, 30 janvier 1645 ;

Carrie, vicaire, 12 octobre 1664. (Les 13, 15 mai et 20 novembre 1647, trois baptêmes sont signés de « Maillet », prêtre prébendier de Varennes ;

Ducros, vicaire .... 5 janvier 1672 ;

Donadey, — .... 12 novembre 1676 ;

Grando, — .... 3 décembre 1678 ;

Malessaigne,— .... 26 avril 1685 ;

Textoris, — .... 20 janvier 1689 ;

Rousselet, — .... 26 juillet 1690 ;

Castagne, — .... 2 février 1694 devenu Curé d'Ouroux.

Arnoux, — .... 15 novembre 1701, Curé de Chamelet.

Pendant tout ce temps, les Curés de Quincié qui s'intitulaient : curés de Quincié et de Marchampt son annexe, furent seulement au nombre de *deux* :

M. Jacquet (1627 à 1678) et M. Faure (1678 à 1703.)

De 1703 jusqu'à l'érection de la paroisse, en 1803 :

MM. Poesy,   vicaire .. 3 janvier 1703 ;

Lespinasse,   - .. 8 janvier 1712 ;

Jouve,   - .. 15 août 1719 ;

Flassany,   - .. 24 septembre 1726 ;

Etienne Roux, religieux à Beaujeu (par intérim), 19 avril 1737 ;

de Montrichard, vic^{re} 30 avril 1737 ;

Bonard,   - .. 10 janvier 1739 ;

Bleton,   — .. 28 août 1741 ;

Finiel,   — .. 19 mai 1746 ;

Maternis,   -- .. 31 mars 1753;

Bernard,   -- .. 16 février 1768 ;

Gueyron,   — .. 18 juillet 1773 ;

Chrestin,   - .. 15 novembre 1775 ;

Sorlon,   -- .. 10 janvier 1776.

Les Vicaires de Quincié : Montmartin (juin 1784) et Mathonet (30 mars 1786), devinrent vicaires-desservants de Marchampt ;

M. Farjetton. vicaire, 5 novembre 1788 ;

Pendant toutes ces nombreuses années, de 1703 à 1793, il n'y eut encore que deux curés de Quincié et de Marchampt, son annexe. Ce furent :

MM. Massuque (de 1703 à 1741) et Dumas (de 1741 à 1793.)

Depuis 1803.

Marchampt : paroisse.

Premier Curé : M. BOURGANEL.

M. Bourganel, missionnaire, exerça le Saint Ministère à Marchampt pendant les troubles de la Révolution, à partir de 1793. Quand l'ordre eut été rétabli et les églises rouvertes, il fut nommé Curé de la paroisse de Marchampt, érigée officiellement. Sa nomination date du 26 février 1803.

Deuxième Curé : M. DESSERTINES.

Il était remplacé, le 15 août 1805, par M. Dessertines.

Voici la liste des Curés qui se succédèrent :

Troisième Curé : M. ODE.

M. Ode, 18 novembre 1808.

Quatrième Curé : M. Thomas CARRIE.

M. Thomas Carrie, 28 juin 1817. Son tombeau est à l'entrée de l'église, dans le tambour. Sur la pierre tombale est gravée l'inscription suivante : « Ici repose le corps de M. Carrie, curé de Marchampt, décédé le 21 avril 1830, âgé de soixante-dix ans. Un « De profundis. » Passant, priez pour lui ! »

Cinquième Curé : M. CUSSET.

M. Cusset, 22 mars 1834.

Sixième Curé : M. DESPRAS (1838-1866.)

M. Henri-Marie Despras, précédemment vicaire à St-Georges-de-Reneins, a été nommé Curé de Marchampt, le 30 décembre 1838. Il convient, ce nous semble, avant de relater les actes importants du ministère de M. l'abbé Despras, de parler des trois chapelles que possédait Marchampt.

§ 1. *Chapelle de Soubran.* — La première était située au sommet de Soubran (898 m.) Elle était sous le vocable de Sainte-Magdeleine, dont on célébrait la fête avec pompe le 22 juillet et un grand concours de fidèles. Un ermite avait sa cellule contre cette chapelle et en était sacristain. Elle tomba en ruines; et, les pierres qui pouvaient servir furent enlevées par des particuliers. Quelques personnes se rappellent encore qu'un nommé Jean Terelle alla chercher la statue en pierre de sainte Magdeleine et la déposa dans l'église paroissiale. Elle y était en 1840, lorsque cette église fut démolie. A cette époque, on la vendit avec plusieurs autres statuettes ou fragments de statues à un Polonais qui les fit conduire à Lyon. Voilà ce que l'on sait de plus remarquable sur cette ancienne chapelle dont il ne reste aujourd'hui aucun vestige.

§ II. *Chapelle de Sagnié.* — La deuxième chapelle était construite au bas de la paroisse. Elle était sous le vocable de Saint-Jean-de-Sagnié (le *saigné* : allusion à la décollation de saint Jean-Baptiste. Elle était très fréquentée par des personnes venues de loin, surtout par celles qui étaient travaillées de « perte de sang ». Il ne reste plus rien de cette chapelle.

La troisième petite cloche, qui est installée dans le clocher paroissial, avait appartenu à cette chapelle. Elle porte l'inscription : *Sit nomen Domini benedictum !* Que le nom du Seigneur soit béni ! et le millésime 1736. Il paraît qu'on enterrait autrefois autour de cette chapelle ; car, dernièrement, il y a quelques quarante ans, un habitant du lieu, en creusant des fondations, mit à jour quantité d'ossements humains. Ce qui porterait à croire qu'elle serait peut-être beaucoup plus ancienne que l'église paroissiale. Mais on ne sait ni comment elle était desservie, ni comment elle a perdu sa primauté. La localité où elle était située porte encore le nom de « bourg de Sagnié. » Le 24 juin, il s'y tenait une foire annuelle qu'on est parvenu difficilement, vers 1850, à transporter au bourg de Marchampt.

§ III. *Troisième chapelle : dite église paroissiale* (1605). — L'église paroissiale, placée aussi comme la chapelle de Sagnié, sous le vocable de Saint-Jean-Baptiste, était la troisième chapelle. Elle était bâtie sur un rocher entre deux petits ruisseaux. La date de sa construction est incertaine ; elle était dépourvue de tout ornement architectural et éclairée par deux croisées inégales et en bois. Sa voûte surbaissée et cintrée d'un seul jet en pierres du pays, était bien conservée : mais, les murs de soutien se trouvaient en très mauvais état et menaçaient ruine. Ils ne supportaient encore cette lourde voûte que par leur épaisseur et la puissance des éperons massifs qui les environnaient. L'église mesurait six mètres de longueur sur quatre de largeur et de hauteur. Elle fut d'abord agrandie de huit mètres : et, plus tard, de six autres mètres. Cette troisième partie était remarquable par la solidité de ses murs : mais les croisées étaient plutôt des ouvertures allongées en haut. Il y en avait deux en pierres de taille. Elle datait de 1764 ; car, sur une pierre vendue à Jacques Jomard et qui formait le dessus de la grande porte, on lisait cette inscription : « en 1764 a été agrandie. »

Dans le premier agrandissement, il y avait deux chapelles vis-à-vis l'une de l'autre. Celle du Nord était vraiment monumentale, de style ogival flamboyant. Nous ferions remonter l'époque de sa construction à la fin du XIV° siècle, si nous ne devions tenir compte d'une inscription gravée sur une pierre et présentant le millésime de 1605.

Celle du Midi, appelée de la Sainte Vierge, était beaucoup plus petite et sans caractère architectural. Elle était accolée contre le clocher ; et, nous croyons qu'elle avait été bâtie en même temps ; car, elle était incrustée dans le mur. On croit qu'elle avait été édifiée par les seigneurs de Laval. Elle en portait le nom, comme la première : celui de Varennes. Elle contenait la statue de Notre-Dame de Pitié qui avait été donnée par un seigneur de Laval, à l'occasion de la peste de 1629 et qui est actuellement placée dans la chapelle de Crémasson ou de Notre-Dame Auxiliatrice, restaurée en 1909. — Etait également, dans cette chapelle de Laval, la pierre sculptée qui représente l'Annonciation, l'adoration des Mages, la naissance du Sauveur, les Bergers qui se réveillent aux accords des Anges, et qui est enchâssée dans la façade de la nouvelle église. Les trois autels, de date récente, qui se trouvent dans cette église, ont remplacé les anciens autels en bois. — La chapelle du Midi ou de Laval a disparu ; mais, celle du Nord ou de Varennes qui était beaucoup plus belle, a été conservée. C'est elle qui est devenue le chœur de notre église paroissiale actuelle.

Construction de l'église actuelle.

(1840-1845.)

Depuis longtemps se faisait sentir le besoin d'une nouvelle église. Les habitants en parlaient. On avait acquis l'emplacement d'un nouveau cimetière. Celui qui entourait l'église était beaucoup trop restreint, beaucoup plus élevé que le chemin du côté de bise.

Lorsqu'il survenait une grande pluie, après un enterrement, on observait que l'eau s'écoulait rougeâtre et infecte à travers les murs. Si le cimetière était insuffisant, l'Eglise, malgré tous les agrandissements, ne pouvait plus contenir la population; d'un autre côté, elle menaçait ruine. On abandonnait même la pensée de l'agrandir ou de la réparer : de là urgence d'aviser aux voies et moyens de construire une nouvelle église.

Mais les difficultés qui en avaient détourné nos pères, étaient presque aussi insurmontables que la nécessité était pressante. D'abord, la fabrique n'avait que peu de ressources, attendu qu'elle avait déjà fait des réparations, qu'elle avait prêté à la commune 450 fr., pour les frais d'une poursuite en liquidation de la cure et payé ou avancé pour le cimetière. La commune était, elle aussi, surchargée de taxes additionnelles pour règlement de comptes anciens, et ne pouvait s'imposer davantage. Dans ces conditions, le gouvernement ne serait pas venu à son secours. Ajoutez à cela que la fabrique devait 39 fr. 85; de plus, que la grêle, depuis dix ans, avait emporté une partie de ses récoltes. Il était donc plus que téméraire de songer à une entreprise de cette importance; et, si Dieu n'avait encouragé et béni ceux qui se mettaient en avant, cette œuvre aurait été au-dessus du courage humain. Mais, en surmontant toutes les difficultés pour édifier un temple au Seigneur, les habitants n'ont fait que lui prêter à gros intérêts.

Le 10 décembre 1839, MM. Philibert Rochard, maire; Chazy, adjoint; Antoine Delaye et Despras, curé, commencèrent à former une liste de souscriptions et signèrent leur engagement, payable en trois ans, par tiers; ils visitèrent ensuite toute la paroisse. On les accueillit partout avec empressement, deux ou trois familles exceptées; encore ont-elles contribué aux charrois; ceux qui ne savaient pas écrire faisaient des croix; tous ont fait honneur à leurs signatures. Ces souscriptions étaient à l'avantage de la fabrique. Cette première démarche produisit 6.000 fr.; et, chacun promettait de venir encore en aide, soit par une seconde souscription, soit pour les charrois et journées. Quelque temps après, MM. Claude Saunier et Claude Audin reçurent les offres de chacun pour les bois nécessaires. Tous ont amené les chênes qu'ils avaient promis; tous se sont empressés de tirer le sable, de déblayer, de creuser les fondations. Ils ont fait tout cela avec une persévérance, un bon accord digne des plus grands éloges, de l'admiration de tous ceux qui en ont été témoins, et même des paroisses où ils allaient chercher les matériaux. Puissent ceux qui ont des églises à bâtir imiter les habitants de Marchampt !!!... Les forains, en très grand nombre, ont aussi contribué, selon leur position; mais, on ne leur demanda rien avant la pose du couvert.

Encouragé par les souscriptions recueillies, M. le curé Despras présenta un plan et un devis estimatif des dépenses présumées, qui furent généralement approuvés et qui ont été suivis. De là il ressort qu'il n'y a pas eu d'architecte, pas même d'entrepreneur. Toute la main-d'œuvre a été soumissionnée, par lettre cachetée, à tant la toise; et, le curé lui-même a acheté et procuré tous les matériaux. Aux membres du Conseil de fabrique composé de M. le Curé, le Maire Jean Perras, Jean-Marie Désigaud, Antoine Delaye, Benoît Carreyve et Pierre Fréty, fut adjointe une commission de surveillance formée de MM. Fix, Guillaume Beillard, Jean Chazy, Jean Perrier, Claude Audin, Claude Saunier, qui fut appelée dans toutes les délibérations et conclusions de marchés importants. M. le curé Despras a toujours été le seul receveur des fonds et payeur. Il a présenté des comptes réguliers à chaque assemblée, comme en font foi les registres.

Les Pâques furent ouvertes en 1840, le troisième dimanche de Carême, par autorisation de Monseigneur de Pins qui accorda toutes les autres autorisations nécessaires. Le 20 avril, lundi de Pâques, après la sainte Messe, on porta le saint Ciboire à la cure, dans la salle qui fut affectée aux offices, les six premiers dimanches. Les fidèles étaient dans la salle, la cour et le chemin; une partie des chantres se tenait dans la salle et l'autre dans la cour. Le premier dimanche, pendant le *Magnificat*, nous fûmes éprouvés par une pluie battante : les chantres du dehors ne se dérangèrent pas ainsi que bien d'autres personnes. Ce fut la seule contrariété survenue pendant toute l'année; car, dès que les murs de la nouvelle église furent assez élevés, on forma une chapelle en planches; et on dressa un autel où furent célébrés les saints offices jusqu'à la Toussaint. La semaine, ils furent célébrés dans la salle jusqu'à Noël. Alors, la sacristie étant terminée, on s'y transporta.

L'ancienne église n'avait que 20 mètres de longueur sur 4 m. 80 de largeur; la nouvelle a 22 mètres jusqu'au chœur; et, le chœur a 10 mètres; en tout 32 mètres de longueur sur une largeur de 12 m. 50.

L'église nouvelle comporte deux ordres d'architecture. Les nefs sont de l'ordre dorique; et le chœur de l'ordre ogival flamboyant; le chœur et la croisée du fond sont les restes de l'ancienne chapelle de Varennes. Nous y remarquons deux superbes vitraux qui représentent l'un la Vierge filant sa quenouille; et l'autre, saint Joseph, charpentier, en compagnie de l'Enfant Jésus.

La nouvelle église de Marchampt, commencée à Pâques de l'année 1840, fut ouverte au culte dès la Toussaint de la même année, au moins pour les offices du dimanche. Les travaux furent menés avec une exceptionnelle rapidité. Mais elle ne fut vraiment terminée qu'en 1845.

Bénédiction de l'Eglise.

19 avril 1845.

Son Eminence le Cardinal de Bonald, archevêque de Lyon, vint lui-même la bénir le 19 avril 1845. Le lendemain, il y présidait la cérémonie de la Première Communion et y administrait le sacrement de Confirmation aux enfants de Quincié et de Marchampt. C'est la seule fois qu'un archevêque de Lyon soit venu à Marchampt jusqu'à ce jour.

La nouvelle église, grâce aux aptitudes spéciales de M. le curé Despras qui en fut le seul entrepreneur et l'unique architecte, grâce au dévouement de tous les paroissiens qui firent eux-mêmes et gratuitement tous les charrois, n'avait coûté que 26.730 fr. environ.

Il faut dire aussi que la construction fut faite le plus

économiquement possible. On ne donna pas aux murs l'épaisseur qui eût été souhaitable; et pour ne pas les surcharger, on se contenta d'une simple voûte en plâtre On se contenta également d'un pavage en bitume.

Cette légèreté de la voûte et des murs de l'église de Marchampt la met malheureusement à la merci des saisons. Il est difficile de la chauffer en hiver; et en été elle est très chaude. C'est là son défaut. Mais à cette époque où Marchampt était si pauvre, il n'était pas possible de faire mieux.

Clocher.

Le clocher est celui de l'ancienne église. Ce vieux clocher renfermait trois cloches qui y furent laissées jusqu'en 1889, époque de la refonte de deux d'entre elles.

Voici les indications qui peuvent intéresser à leur sujet :

1° Une petite cloche cassée portant le millésime de 1736 (refondue en 1889.)

Elle venait de l'ancienne chapelle de Saint-Jean, au bourg de Sagnié.

2° Autre cloche avec l'inscription suivante : « J'ai eu, l'an 1815, pour parrain M. Jean Vibert et, pour marraine Dame Françoise-Cécile Hobitz, épouse de M. Claude Clerc. J'ai été bénite par M. Etienne Ode, curé de Marchampt. — M. Antoine Jomard, maire (P. R. E. M. R.). »

Cette bénédiction est mentionnée au registre de catholicité, à la date du 20 novembre 1816. Cette cloche a été fondue à Poule, en juillet 1815; poids, environ 500 kilogr.; note : le *la*. Elle fut cassée en février 1889. Il y avait malheureusement une paille dans le métal (Refondue en 1889.)

3° Une petite cloche qui existe encore avec cette inscription : parrain, Jean Rochard, maire; marraine, Louise Rochard, sœur du parrain; Carrie, curé; Pierre Barthélemy, trésorier; 1833 Thomas Burnichon, fondeur à Thel ; cette cloche donne le *si*.

Construction d'une école
qui devint de 1863 à 1870,
« école communale. »

M. le curé Despras mena de front, en 1840, non seulement la construction d'une église paroissiale, mais encore celle d'une maison, en vue de pourvoir à l'éducation des jeunes filles et de fournir un asile aux Tertiaires de Saint-François qui désireraient se retirer du monde et vivre en communauté, sous la direction du Pasteur.

Cette maison fut construite de 1840 à 1842 aux frais et sous la surveillance de M. Despras, sur un terrain qu'il avait acquis de Françoise Carreyve.

En 1842, date de l'ouverture de l'établissement, plusieurs femmes et filles pieuses répondirent aux désirs du digne curé de Marchampt et y furent admises. La direction de l'école ouverte aux enfants fut confiée à M\u1d49\u02e1\u02e1\u1d49 Doirieux, puis à M\u1d50\u1d49 Rose Combrichon, veuve de Joseph-Balthazard Fix. Ces deux directrices furent aidées dans leurs fonctions par M\u1d49\u02e1\u02e1\u1d49 Françoise Santailler qui devint religieuse en 1863 et fut connue sous le nom de sœur Henri-Joseph; car, les religieuses de Saint-Joseph de Lyon prirent possession de l'établissement en 1863 pour y continuer l'œuvre de l'éducation des jeunes filles, vu l'acquisition faite par devant notaire, en date du 3 octobre 1862. Il nous paraît utile de faire connaître que les ressources consistaient, jusqu'en 1870, époque à laquelle l'école a été reconnue *communale*, en une faible rétribution scolaire réclamée chaque mois aux parents des élèves.

Les anciens seront heureux de retrouver ici les noms des Religieuses qui furent envoyées dans la paroisse depuis 1863 jusqu'à nos jours

1° De 1863 à 1866 : Mère Victorie aidée de sœur Henri-Joseph jusqu'en 1865, puis de sœur Marie-Reine et de sœur Louis-Antoine.

2° De 1866 à 1875 : Mère du Cœur de Marie aidée des sœurs Marie-Reine et Louis-Antoine.

3° De 1875 à 1876 : Mère Marie-Xavier, aidée des sœurs Henri-Joseph, Benjamin et Cléomène.

4° De 1876 à 1878 : Mère Marie-Hortense, aidée de

sœur Stanislas, sœur Placidie et sœur Théonille, décédée à la Maison-Mère et remplacée successivement par sœur Saint-Pierre de la Croix, sœur Emilien et sœur Anne seconde.

5° En 1878 : Mère Thérèse de Jésus, aidée de *sœur Placidie*, sœur Saint-Pierre de la Croix, sœur Anne seconde et sœur Henri-Joseph décédée à Marchampt, son pays natal, le 5 mars 1887 dans sa soixante-dixième année et remplacée dans ses fonctions de cuisinière successivement par sœur Marie-Gabriel, sœur Claudia, sœur Saint-Louis, sœur Rogatien, sœur Saint-Roch, sœur Sainte-Cyrille et sœur Saint-Hippolyte.

6° En 1908 : Mère Louise-Bénédicte, aidée de sœur Placidie, sœur Sainte-Anne et sœur Saint-Hippolyte.

7° En 1915 : Mère Placidie, aidée de sœur Sainte-Anne et sœur Saint-Hippolyte, décédée à Lyon, le 24 avril 1919 et remplacée par sa sœur Sainte-Philomène.

Mère Thérèse.

Le 14 mai 1909, le bon Dieu a rappelé à Lui, dans sa quatre-vingt-sixième année, l'ancienne et vénérée Supérieure des Religieuses de Marchampt, retirée depuis six mois dans la maison des Sœurs Saint-Joseph, à Vernaison. Pendant trente ans, elle a édifié la paroisse par son grand esprit de foi, sa vive piété et sa charité pour le prochain. Elle aimait à obliger tout le monde autant que son temps et ses ressources le lui permettaient. Elle avait surtout un amour de prédilection pour les enfants dont elle s'était occupée pendant tout le cours de sa vie religieuse. Lorsque le poids des années ne lui permit plus de faire la classe, elle continuait à réunir autour d'elle les enfants, pour leur donner les sages conseils que lui fournissait abondamment sa longue expérience. Nature ardente, ne doutant ni de son âge ni de ses forces, elle aurait voulu travailler encore à la gloire de Dieu; mais le divin Maître s'est contenté de son bon désir et a rappelé à Lui sa fidèle servante pour la récompenser de ses longues années de labeur. La reconnaissance nous fait un devoir de lui accorder le secours de nos prières.

Fermeture de l'école
1ᵉʳ octobre 1908.

Le 17 juillet 1908, par ordre préfectoral, l'école communale fut laïcisée et fermée le 1ᵉʳ octobre. Dès lors, la Communauté fut réduite à trois religieuses. Sœur Louise-Bénédicte, née Carreyve de Marchampt, fut nommée Supérieure le 6 octobre de la même année. Sœur Placidie, directrice de la Congrégation des jeunes filles et du patronage, fut maintenue dans sa charge avec l'aide de sœur Sainte-Anne, chargée du chant et du catéchisme des petits garçons qui trouvent ainsi une excellente préparation au grand catéchisme fait par le Clergé paroissial. Sœur Silvius, née Benoîte Chevroton de Marchampt, sœur sécularisée, fut adjointe à la Communauté pour aider dans les soins du ménage et la visite des malades. Cette dernière œuvre a toujours été en usage dans la Congrégation des Sœurs Saint-Joseph.

Mère Louise-Bénédicte.

Le 19 décembre 1914, la population de Marchampt, par son attitude recueillie et silencieuse, donnait la preuve évidente de la perte que la paroisse venait de faire dans la personne de sœur Louise-Bénédicte, née Carreyve, Supérieure des Sœurs Saint-Joseph, depuis six ans.

Simple dans ses manières et ses rapports avec ses semblables, elle était grande par la foi qui inspirait toutes ses actions, par la charité qui était la règle de ses conversations et par l'aménité qui gagnait tous les cœurs.

Non contente de gouverner sa petite communauté avec bonté et persuasion, elle consacrait encore son temps libre à l'enfance qui se plaisait à la considérer comme une mère.

Avec quelle humilité elle accédait à nos désirs pour les quêtes à faire en maintes circonstances et pour le chapelet à dire publiquement durant les exercices faits en faveur de notre armée et du salut de la France!!!...

Cette âme d'élite était toujours mue par l'amour de Dieu et par un amour véritable dont les signes caractéristiques furent l'oubli d'elle-même et le dévouement.

Ah ! qui dira la force de son caractère ? Malgré une fatigue de cœur fort accentuée, elle visitait les malades ou les infirmes toujours dans le but de leur apporter un réconfort. Combien le bon Maître a dû avoir pour agréable cette vie faite d'abnégation de soi et de charité chrétienne à l'égard du prochain !!!...

La fin de cette humble servante de Dieu a été modeste comme sa personne elle-même. Durant les trois semaines qui lui furent données pour se préparer à ce passage redoutable du temps à l'éternité, elle s'occupa uniquement de la grande affaire, celle du salut de son âme. Toujours résignée aux desseins de la Providence, elle vit sans effroi approcher le moment où son âme devait se détacher de son corps comme d'une enveloppe terrestre. Le Ciel : tel était l'objet de ses désirs constants. Nul doute que Sœur-Mère ne soit maintenant près de Celui qu'elle eut le bonheur de recevoir le jour même de sa mort !...

Sœur Saint-Hippolyte.

La mort inattendue de la bonne Sœur Saint-Hippolyte fut un sujet de tristesse et de regrets de la part même des indifférents. A la nouvelle de sa vénérable mère gravement malade, sœur Saint-Hippolyte voulut, malgré l'état précaire de sa santé, se rendre à Tarare, pour lui donner un dernier témoignage de sa piété filiale et lui prodiguer ses soins. Les derniers devoirs rendus à celle qui l'avait si bien préparée à la vie religieuse et maintenue dans sa vocation, elle fut elle-même atteinte de la grippe infectieuse. Après une sensible amélioration de son état et sur le désir de Mme la Supérieure Générale, elle fut le 21 avril 1919 conduite à Lyon dans une automobile. A peine fut-elle arrivée à la Maison-Mère qu'elle rendit le dernier soupir, assistée de sa sœur Sainte-Philomène et de son frère Alphonse. Elle avait 63 ans. Assurément, nous ne devons pas être inquiet sur le sort de cette âme ; car, sa fidélité aux exercices de piété, sa visite quotidienne au Saint Sacrement, l'accomplissement de ses devoirs d'état, ses rapports bienveillants à l'égard de tous, étaient la meilleure des préparations à la mort.

Nous ajouterons à sa louange qu'elle répondit de suite à nos désirs, lorsque nous lui proposâmes la fonction de chaisière. Depuis la mort de la veuve Grenier, la place était vacante et nullement enviée des paroissiennes qui, toutes, du reste, vivent dans une certaine aisance et préfèrent la tranquillité au souci que comporte cette fonction cependant si grande aux yeux de Dieu. Sœur Saint-Hippolyte s'acquitta de sa nouvelle charge avec esprit de foi et affabilité. Nous lui garderons un souvenir reconnaissant ; et, nous hâterons, par nos ferventes prières, son entrée dans le ciel.

Chapelle de Crémasson
ou de
N.-D. Auxiliatrice.

Le dévoué curé Despras ne se contenta pas de doter Marchampt d'une église et d'une école, en vue de sanctifier les âmes confiées à ses soins. D'un cœur très bon et accessible à toutes les misères, il entreprit la construction de la chapelle de N.-D. Auxiliatrice, encore appelée « de Crémasson » (du nom de l'endroit), à la suite d'un vœu fait en 1855.

Depuis sept ans, rapporte la tradition, chaque année les récoltes étaient ravagées par la grêle. Le pays était dans la consternation. Que fit notre zélé Pasteur ? Il releva le courage de ses paroissiens et les exhorta à se confier entièrement à Marie. Malgré leur misère profonde, il osa leur demander, pour preuve de leur foi, une grand sacrifice : la construction de la susdite chapelle. Elle fut commencée en 1856 ; et, les dépenses s'élevèrent à la forte somme de 6.700 fr. ramassés péniblement dans la paroisse, mais donnée avec confiance entière en la protection de la Sainte Vierge.

Bénédiction
31 août 1857.

L'année suivante, le 31 août 1857, la chapelle était achevée et bénite par Sa Grandeur Mgr de la Croix d'Azolette, ancien archevêque d'Auch, assisté d'un nombreux clergé venu de toutes les paroisses du canton. Enfin le 24 mai 1858, à la porte de la chapelle, en présence de tous les habitants, M. le curé Despras faisait au nom de tous et sur la demande générale, consécration solennelle à N.-D. Auxiliatrice ou de Bon Secours et promesse de célébrer, chaque année, sa fête comme patronne secondaire de la paroisse *à perpétuité*, pour obtenir protection contre les maux de l'âme et du corps. La Sainte Vierge a exaucé les prières et béni la confiance des fidèles. Depuis 1856, la grêle qui, auparavant ravageait chaque année tout le pays, les a presque toujours épargnés ; et, ses effets ont été d'ordinaire très limités. C'est ce que peuvent attester tous les anciens.

Vœu.

Chaque année, dès la veille de la fête et aux différents offices du jour, les cloches de l'église et celle de la chapelle, sortie des ateliers de M. Burdin et placée le 1er mai 1861 (coût : 536 francs), se font écho et font entendre leurs notes joyeuses. A 7 h. 1/2, la procession s'organise et sort de l'église. Lentement elle s'avance au chant des litanies de la Très Sainte Vierge et des cantiques. Tout le long du parcours, elle recueille les fidèles qui l'attendent. A 8 heures, on arrive pour la Grand'Messe solennelle durant laquelle M. Rochard, marguillier et chantre depuis 1869, exécute de sa voix puissante et exercée les chants liturgiques. Le soir, à 2 h. 1/2, ont lieu les Vêpres avec un sermon de circonstance. Selon une vieille tradition, la quête est faite par deux jeunes dames ou deux jeunes filles de la paroisse. Le produit de la quête est affecté aux réparations de la chapelle. A l'issue des Vêpres, la consécration à la Sainte Vierge est faite au nom de toute la paroisse ; et, après le chant du *Salve Regina*, la procession s'organise pour le retour à l'église où la fête se termine par la bénédiction du Saint Sacrement.

La chapelle de N.-D. Auxiliatrice est souvent visitée. Durant le mois de mai, chaque dimanche a lieu, à 6 heures, l'exercice du mois de Marie précédé de la prière en usage dans le diocèse.

Le lendemain de la Première Communion, les enfants, accompagnés de leurs parents, assistent à la Messe d'action de grâces et sont reçus du saint scapulaire du Mont-Carmel.

Le 15 août, à l'issue des Vêpres chantées à l'église paroissiale, il y a procession solennelle à N.-D. Auxiliatrice. En 1914, peu de jours après la déclaration de la guerre, quel souvenir inoubliable fut celui de toute la paroisse se rendant à la chapelle comme les Lyonnais à N.-D. de Fourvière !!!... Les mères eurent à cœur de conduire à l'autel de la Vierge leurs tout petits enfants afin de rendre leurs prières plus efficaces pour la conservation des parents mobilisés et exposés nuit et jour à la mort. Après le chant du *Salve, Regina !* les fidèles, de retour à l'église, reçoivent la bénédiction du Saint Sacrement.

Enfin, le 8 septembre, il y a messe et allocution. La paroisse est ainsi dispensée du pèlerinage à Notre-Dame de Brouilly.

Erection du Vicariat
en 1859.

Malgré sa forte constitution et vu les besoins de la population, M. le curé Despras se vit dans l'obligation de demander un vicaire. Aussi le 11 avril 1858 réunit-il son Conseil de fabrique. Après une sérieuse délibération, une demande fut adressée à Son Eminence le Cardinal de Bonald et à M. le Préfet du Rhône pour obtenir l'érection d'un Vicariat à Marchampt. Voici la teneure de la délibération :

« L'an 1858, 11 avril, jour de Quasimodo, jour légal des séances du Conseil de fabrique, nous, Membres de celui de l'Eglise de Marchampt, assemblés par les soins de M. le Curé, Président, dans le lieu ordinaire de nos séances, avons d'abord procédé à l'examen des comptes du trésorier, etc... Puis, M. le Curé qui dessert la paroisse depuis près de vingt ans, qui a tant fait pour elle, réparé le presbytère, reconstruit l'église, fait bâtir deux maisons d'école, et autres réparations, nous a entretenus de son intention de demander un vicaire, vu que souvent il est retenu par des douleurs et qu'il ne peut suffire aux besoins de la population dans beaucoup de circonstances. Cette ouverture nous a fait un sensible plaisir; et, comme nous le pensons, toute la paroisse s'en réjouira à cause des avantages qu'elle en recevra : 1° pour avoir une messe de plus le dimanche, vu que les trois quarts de la paroisse sont à plus d'une heure et demie des autres paroisses environnantes; 2° pour les malades qui seront mieux visités, vu qu'ils sont quelquefois fort éloignés; 3° pour l'instruction religieuse des enfants; 4° enfin, pour l'administration des sacrements. Bien des personnes les fréquenteraient les grandes fêtes s'il y avait deux confesseurs.

Il est peut-être peu de paroisses plus difficiles à desservir à cause des hautes montagnes qui forment tout son territoire. Il est des endroits où il est même difficile d'aller à cheval, où, du moins il faut toujours revenir à pied. Le territoire est très étendu; nous avons plusieurs villages qui sont à 5 kilom. et plus de l'église qui est, cependant, centrale pour trois côtés surtout. Quant à la population, elle est d'environ 1.100 âmes, pour peu qu'on fasse attention à une population flottante. Plusieurs d'entre nous, avec M. le Curé, nous avons fait attentivement le recensement de la population. Le résultat nous donne 1.074 habitants : ce qui prouve que le dernier recensement officiel est défectueux. Vu, en outre, que les naissances, depuis sept ans, l'emportent sur les décès de quarante-deux.

Nous avons parlé d'une population flottante : elle a été sensible à l'époque du dernier recensement officiel. Marchampt avait eu, pendant cinq ans, ou la gelée ou la grêle, de sorte qu'étant malheureuses, beaucoup de maisons qui avaient l'habitude de prendre des domestiques, n'en ont pas pris; et, beaucoup d'autres ont envoyé leurs enfants en condition dans les autres paroisses. Personne, donc, ne peut révoquer en doute notre population de 1.100 âmes.

Toutes ces raisons examinées, nous nous adressons avec confiance à Son Éminence, pour lui demander l'établissement d'un Vicariat.

Pour son traitement, nous nous adresserons : 1° au Conseil municipal pour le prier de voter les 250 fr., vu l'insuffisance des revenus de la fabrique qui fera cependant ce qui dépendra d'elle à ce sujet; 2° au gouvernement pour le reste, par l'entremise de M. le Sénateur.

Cette délibération est signée par MM. Despras, curé; Rochard, maire; Jean-Marie Désigaud; Antoine Delaye; Pierre Fréty; Claude Rampon des Santaillers et Jean-Marie Durand de la Croix : tous membres du Conseil de fabrique de Marchampt, le 11 avril 1858.

Le 20 décembre de la même année, une nouvelle délibération prise à la suite du vote, par le Conseil municipal, d'une somme de 150 fr., pour le Vicariat, fixe à 150 fr., également la part de la fabrique dans le traitement à faire au vicaire.

Premier vicaire : Abbé CHARLES.

Le premier vicaire nommé fut M. l'abbé Charles. Sa nomination est datée du 20 mai 1859; mais, d'après les registres de la fabrique, il exerçait déjà depuis le 4 février les fonctions de vicaire à la satisfaction universelle. Son séjour fut de courte durée. Sa santé l'obligea à se retirer auprès de son oncle, curé à Sauvain (Loire) et le 22 juillet suivant, il était remplacé par M. l'abbé Pierre Chaland qui ne resta qu'un an à Marchampt.

Deuxième Vicaire : Abbé CHALAND.

Troisième Vicaire : Abbé THOLLOT.

Le 8 juin 1861 arrivait M. l'abbé Thollot, dont le souvenir est loin d'être oublié. Plein de zèle, d'entrain, de jeunesse, M. Thollot organisa une fanfare qui rehaussa l'éclat des fêtes religieuses, non seulement à l'église, mais surtout aux processions et à la grande solennité de la chapelle, le 24 mai de chaque année. Beaucoup de nos chefs de famille, qui eurent l'honneur de faire partie de cette fanfare, en parlent encore. Mais, hélas ! M. Thollot que tous auraient voulu garder à Marchampt, fut enlevé et nommé vicaire de la grande paroisse de Firminy, quatre ans après, 1er juillet 1865: Il y resta plus de quinze ans; et, après un ministère très fructueux et très populaire, il fut nommé Curé de Saint-Christôt-en-Jarez (Loire). C'est là qu'il mourut en 1904, âgé de 70 ans. Il n'avait pas oublié son premier poste de Marchampt.

Il en parlait souvent et avait bien recommandé qu'on fît part de sa mort au Curé de la paroisse, afin que les fidèles prient pour le repos de son âme. Son dernier désir a été accompli.

Quatrième Vicaire : Abbé BONNARDEL..

L'actif M. Thollot était remplacé par M. Bonnardel qui, arrivé le 5 juillet 1865, fut vicaire jusqu'en juillet 1867. De faible santé, M. Bonnardel occupa successivement plusieurs postes : Saint-Martin-en-Haut, Saint-Maurice-sur-Dargoire, Pouilly-lès-Feurs ; puis, fut nommé Curé à Sainte-Foy-Saint-Sulpice, etc...

Son dernier poste fut la cure de Vourles. Il y mourut le 26 février 1898, âgé de 64 ans.

Les Vicaires zélés qu'eut M. Despras furent donc : MM. les abbés Charles, Chaland. Thollot et Bonnardel.

Construction de la
flèche du clocher
1864.

Enfin, disons à la gloire de l'infatigable Curé de Marchampt que deux ans avant sa mort et plus de vingt ans après la construction de l'église, il décida son Conseil de fabrique à la construction d'une flèche qui fut à la fois un ornement et un complément pour le vieux clocher. Dans ce but fut prise la délibération si désirée de la part des habitants et même de la sous-préfecture. En voici le texte : « L'an 1864 et le 3 janvier, nous, Membres du Conseil de la paroisse de Marchampt, assemblés dans le lieu ordinaire de nos séances, à l'effet de délibérer, d'après la lettre de M. le Sous-Préfet, en date du 17 décembre dernier, sur la nécessité de consolider et d'exhausser le clocher de notre église, pour approuver les plans dressés à cet effet, et voter les fonds nécessaires : 1° Sur la nécessité : nous la reconnaissons parfaitement; il existe des lézardes dans la partie supérieure où sont placées les cloches, de sorte que plusieurs clés des voûtes des croisées sont descendues de 5 à 10 centimètres; l'examen qu'en a fait l'architecte nous a démontré l'urgence de la consolidation projetée... 2° *l'extérieur* de ce clocher est dans un état si dégradé et si disgracieux depuis la reconstruction de l'église, qu'il est propre à attirer un discrédit sur les habitants de la commune; enfin 3° l'église étant plus élevée que les cloches, les habitants placés du côté opposé ne peuvent les entendre, lorsqu'elles les appellent aux offices ou sonnent midi. Nous croyons même pouvoir ajouter que si l'autorité avait pu voir par elle-même les choses que nous venons d'exposer, elle ordonnerait à la commune de procéder d'urgence à ces réparations; et, en conséquence, nous approuvons les plans et devis dressés par l'architecte Journau, tels qu'ils sont présentés.

« Pour les fonds à voter : vu les raisons ci-dessus exposées, quoique la fabrique doive encore 1.000 fr. de la reconstruction de l'église et qu'il eût été grandement désirable que la commune eût voté des fonds pour toute cette dépense, nous votons pour ledit clocher 300 fr. annuels à prélever sur les recettes de la fabrique pendant quatre ans consécutifs, à commencer cette année même et qui ne seront versés qu'à mesure des dépenses à payer soit à l'adjudicataire, soit aux fournisseurs. La présente délibération est signée par tous les membres présents, le 3 janvier 1864. Signé : Despras, curé; Rochard, Moncel, Désigaud, Deprêle, Claitte. »

Mort de M. Despras
le 26 janvier 1866.

Ce fut le dernier acte important de M. le curé Despras, originaire d'Avenas. Le 26 janvier 1866, il s'endormait saintement dans le Seigneur, laissant aux paroissiens qu'il avait administrés pendant plus de vingt-sept ans, une mémoire en bénédiction. Plusieurs fois, l'autorité diocésaine voulut lui confier une mission plus importante; mais, les travaux multiples qu'il avait entrepris dans sa paroisse et que, lui seul, vu la pénurie du temps, pouvait continuer, furent cause que son refus respectueux fut chaque fois agréé. Son tombeau est encore pour quelques âmes fidèles et reconnaissantes le but de pieuses visites.

Septième Curé : M. VIAL (1866-1869.)

M. Despras eut pour successeur M. Vial qui

ne fit que passer. Installé le 13 février 1866, il se retirait trois ans après à Vernaison (Rhône), dans la maison de retraite des prêtres. Avant de mourir il avait
manifesté à son neveu, prêtre aussi et dont il faisait
son héritier, le désir de laisser un souvenir à Marchampt. Ce désir fut exécuté; ainsi deux des trois
lustres qui ornaient autrefois l'église, furent donnés.
Le troisième lustre avait été déjà donné par le château
de Varennes. Aujourd'hui un de ces lustres a disparu.
Un accident, survenu en 1898, a occasionné la chute
de ce lustre qui s'est brisé lamentablement.

Cinquième Vicaire : Abbé ROUSSON.

M. le curé Vial eut pour vicaire M. *Rousson* en remplacement de M. Bonnardel, le 30 juillet 1867. Studieux et zélé, M. l'Abbé eut la joie de préparer au
sacerdoce plusieurs élèves qui gardèrent de leur vicaire, improvisé professeur, le souvenir le plus reconnaissant et le plus affectueux. Le 10 novembre 1869,
il était nommé à la paroisse de Firminy où il allait re-
joindre l'abbé Thollot et avec lequel il devait rester
ainsi de nombreuses années. Après un fécond vicariat
de quinze ans, il fut nommé curé de Fraisse, près de
Firminy en 1884. Il y resta plus de vingt ans. Sur son
désir, il fut nommé chapelain de Fourvière. Près de
Notre-Dame, il s'intéressait aux paroissiens de Marchampt. Ses prières étaient ferventes et son accueil
très bienveillant. Pour perpétuer son souvenir et pour
procurer le salut des âmes, il versa à l'Archevêché la
somme nécessaire qui doit permettre au Curé de la
paroisse de faire prêcher des retraites, selon les circonstances et le besoin des fidèles. Il mourut saintement le 20 novembre 1913, à l'âge de 72 ans. Son
corps repose dans le cimetière des Prêtres, à Loyasse.

Huitième Curé : M. JOURJON (1869-1873.)

Le 20 mars 1869, était nommé à la cure de Marchampt, M. Jean-Xavier Jourjon, successeur de
M. Vial. C'était un prêtre musicien, instruit et zélé.
Musicien remarquable, il eut à cœur de relever la fanfare organisée par M. l'abbé Thollot. Quand il célébrait les saints offices, il édifiait les fidèles autant par
la souplesse et l'onction de sa voix que par sa physionomie ascétique. Dieu l'avait gratifié des dons de l'in-

telligence et du cœur qu'il sut mettre au profit de sa
paroisse avec une ardeur incomparable. Ses rapports
avec ses ouailles étaient empreints de la **plus** grande
délicatesse. Conscient de la charge pastorale, il faisait
entendre la parole de Dieu, parfois, avec beaucoup
de véhémence. Il ne songeait qu'au salut des âmes confiées à ses soins. Enfin, il ne négligeait rien pour la
décence de son église et pour l'acquisition des ornements nécessaires au culte. Après cinq ans d'un ministère vraiment sacerdotal, l'administration diocésaine
le nomma à la cure de Saint-Forgeux, près de Tarare.
C'est dans ce poste plus important qu'il mourut, le
10 mai 1890, à l'âge de 76 ans.

Sixième Vicaire : M. BARATIN.

Le 21 novembre 1869, M. l'abbé Baratin succédait
à M. Rousson. Quoique un peu original, il fut toutefois
un vicaire dévoué à ses deux curés, MM. Jourjon et
Gay. En 1874, il était nommé vicaire à Bussières
(Loire), puis curé de Saint-Priest-Boisset en 1875, curé
d'Epercieux en 1877. Il prit sa retraite en 1901 et se
retira à Lantignié, où il mourut, âgé de 79 ans, le
26 décembre 1910, après une longue maladie saintement supportée. Il repose dans le cimetière de Claveisolles, son pays d'origine.

Sous M. Jourjon, la petite place actuelle de la croix,
devant la cure, et qui constituait la cour du presbytère, fut abandonnée à la commune. Les murs de clô-
ture furent rasés ; et la petite grille actuelle élevée.
C'était une grande privation que s'imposait M. Jourjon pour lui et ses successeurs; mais il dégageait ainsi
les abords de l'église.

Horloge du clocher
(1870).

Il sut également répondre aux désirs de tous les
paroissiens par l'acquisition d'une horloge et de ca-
drans qui devaient être mis aux quatre ouvertures
ménagées à la base de la flèche du clocher. Le dona-
teur le plus insigne fut M. Joseph Durnerin. Il remit
à M. le Curé la somme de 1.000 francs. La paroisse
fournit les 700 autres francs nécessaires au paiement

total de l'horloge dont le coût était de 1.700 francs.
M. Jourjon, vers la fin de 1869 s'adressa à la maison
Charvet aîné de Lyon. Celui-ci offrit un mouvement
peu compliqué, mais très bon. Le seul côté défectueux
venait du réglage. Il faudrait la remonter tous les
jours. Commandée de suite, l'horloge fut installée
le 25 mars 1870. Le paiement se fit en trois versements :
une première somme de 1.200 fr. fut versée le 28 mars
1870 à l'occasion de la pose; une deuxième somme
de 200 fr. le 8 juin. Il restait donc un troisième versement à faire de 300 fr. En 1874, il n'était pas encore
fait. Par suite des intérêts à 5 %, ce n'était plus 300,
mais 360 fr. qui étaient dus. Ce troisième versement
de 360 fr. fut très laborieux. Un premier acompte de
170 fr. fut donné le 3 février 1874 : ce qui réduisit la
dette à 190 fr. Pour la couvrir, on pria M. Charvet
de présenter deux notes distinctes; la commune s'effor-
cerait de les glisser dans les colonnes de son budget.
En effet, une première facture, datée fictivement du
1er mai 1873, réclamait 150 francs, pour réparations
et fournitures à l'horloge; une deuxième facture, datée
du 20 novembre 1873, réclamait 40 fr. pour réparations nouvelles. Toutefois, vu le retard du paiement,
M. Charvet rédigea de nouveau ses notes sur feuilles
timbrées, le 25 mars 1874, et obtint du percepteur de
Beaujeu le paiement de celle de 40 fr. Le 31 août 1874,
un mandat définitif lui permit de toucher le solde de
sa créance. Désormais l'horloge était bien la propriété
de Marchampt.

En 1905, sur les ordres de M. le maire Ballandras
et par les soins de la maison Charvet, des réparations
importantes furent faites à l'horloge.

Depuis cinquante ans, M. Rochard, marguillier, la
remonte chaque jour, aux approches de l'*Angelus* de
midi et perçoit annuellement une rémunération de la
commune qui, vu la cherté de la vie, lui a alloué, en
1918, une allocation supérieure.

Noces d'or de M. Rochard
(1869-1919).

Le 11 mai 1919, la paroisse s'unit de tout cœur au
Pasteur, M. l'abbé Montaland, pour célébrer digne-

ment les noces d'or de Claude-Marie Rochard, marguillier à Marchampt depuis le 14 mai 1869. Dès la veille, le bourdon annonçait la fête du vénéré jubilaire. Le dimanche, à la Grand'Messe, M. le Curé fit une allocution de circonstance. Après avoir rappelé au privilégié de cette fête les nombreux bienfaits dont la Providence l'avait comblé, il fit comprendre, par un exemple, l'influence salutaire que peut exercer sur ses semblables un bon sacristain.

Au dîner qui suivit la cérémonie religieuse, M. le Curé eut la joie de lui souhaiter l'*ad multos annos* ; et, le mercredi suivant, jour anniversaire, il célébra la messe en présence du jubilaire et de toute sa famille.

Neuvième Curé : M. GAY.

Le successeur de M. Jourjon fut M. l'abbé Gay qui s'installa le premier janvier 1873. Une grande partie de sa carrière ecclésiastique s'était écoulée dans la paroisse de Thel (Rhône). De taille haute et imposante, il était d'une bonté remarquable.

Sous son ministère, l'honorable famille Durnerin s'émut à la nouvelle que les jeunes filles se plaisaient à lire de mauvais romans. En vue de conjurer ce mal, elle s'adressa à l'Œuvre de Saint-Michel (à Paris) dont le Directeur était le R. P. Félix. De suite, l'appel fut écouté ; un certain nombre d'ouvrages fut distribué aux lectrices qui les trouvèrent à leur goût. Ce début modeste, mais consolant, détermina M. le curé de Marchampt à léguer des livres, en nombre respectable, à la famille Durnerin.

Sur la fin de l'année 1883, à la grande surprise des paroissiens, la santé du bon Curé, jusque-là très enviable, s'altéra tout à coup. Rapidement on le vit pour ainsi dire se fondre en lui-même. Il n'était plus qu'un squelette, quand il mourut le 28 janvier 1884, âgé seulement de 58 ans. Il fut Curé de Marchampt pendant onze ans et vingt-huit jours. Près de l'entrée du cimetière, à droite, il repose sous un petit monument que son dévoué vicaire, M. l'abbé Duperray lui fit élever, à l'aide des souscriptions pieusement recueillies.

Septième Vicaire : M. PIGNARD.

Huitième Vicaire : M. ARMAND.

Neuvième Vicaire : M. GUILLERMET.

Dixième Vicaire : M. DUPERRAY.

M. le curé Gay eut successivement pour Vicaires : MM. les abbés Baratin (21 novembre 1869); — Pignard (2 juillet 1874); — Armand (23 juin 1877); — Guillermet (6 mai 1880); Duperray (du 17 juin 1882 au 13 juin 1887).

Animé d'un grand zèle, M. l'abbé Duperray fonda le Patronage Saint-Louis-de-Gonzague, en faveur des jeunes gens. A cet effet, il loua d'abord la maison dite « maison Dumont » qui était près de l'église; plus tard, la maison de Mlle Chevroton. A son départ, il confia à l'insigne bienfaitrice, Mlle Mathilde Durnerin, le matériel du Patronage ainsi que la statue de saint Louis de Gonzague. Bien plus tard, Mme François Charvériat, installa le Patronage tout près de la Garderie.

Dixième Curé : M. PROVENAZ (1884-1896.)

Durant la vacance (deux mois et demi), M. Duperray administra la paroisse de son mieux. Le 21 avril 1884, M. Gay avait pour successeur, M. l'abbé Provenaz, docteur en théologie, ancien professeur au petit séminaire de l'Argentière, curé de Saint-André-la-Côte et de Saint-Laurent-d'Agny (Rhône). De l'aveu des paroissiens, M. Provenaz était moins un prêtre fait pour le ministère des âmes qu'un religieux bénédictin plongé dans l'étude et la méditation.

Marchampt se rappellera longtemps de lui par ses sermons dont le thème favori et suivi fut la vie des saints. La précision et l'érudition étaient les deux qualités de ses prédications. Dans ses sorties, il avait toujours un petit livre à la main; il ne se préoccupait nullement du monde; et, le monde, par délicatesse, n'osait le saluer, dans la crainte de le distraire de sa méditation ou du monde invisible dont il était le privilégié.

L'Œuvre de la Bibliothèque, établie sous son prédécesseur, s'enrichit d'un catalogue qu'il dressa lui-même. Son vicaire, M. l'abbé Delain fit un règlement qui est toujours en vigueur.

Sous la direction de MM. les abbés Patissier, Bataillon, Aurion, l'œuvre progressa vite et s'enrichit de plusieurs centaines d'ouvrages, si bien qu'il fallut un local tout spécial. Dans une salle contiguë à celle de la Garderie, gratuitement prêtée et agencée par Mlle Mathilde Durnerin, se trouvent réunies les riches collections qui composent la Bibliothèque. De nos jours, très nombreux sont les lecteurs assidus qui ont près de 800 volumes à leur disposition.

A cette œuvre catholique s'ajouta bientôt l'œuvre de la Bonne Presse : vente quotidienne du *Nouvelliste* et vente hebdomadaire de la *Croix de Lyon* et du Rhône ainsi que du *Pèlerin*.

M. le curé Provenaz vécut douze ans et demi à Marchampt, avec l'apparence d'une santé délicate. Nous disons « avec l'apparence »; car, depuis sa retraite du saint Ministère qui eut lieu en 1896, il s'est très bien conservé auprès de son frère, docteur en médecine, à Bouère (Mayenne). Né à Lyon, le 26 mai 1833, il supporte encore le poids de ses 86 ans et vit toujours du souvenir de son ancienne paroisse qui se plaît à lui rendre hommage pour la rédaction des notes relatives à Marchampt.

Le 30 avril 1885, M. Provenaz fit dresser par M. J. Durand le plan d'un caveau funéraire pour les Prêtres de la paroisse. Ce ne fut, malheureusement, qu'un projet.

Refonte de deux cloches
en 1889.

Sous son ministère, deux cloches furent refondues en 1889 : 1° Celle de 400 kilogr. qui porte l'inscription suivante : Parrain, Philippe-Marguerite-Eugène Charvériat-Robas; Marraine, Madeleine-Joséphine Berjat, femme Emile-Alexandre Charvériat; — Curé : Provenaz Jean-Marie; — Vicaire : Antoine Bataillon; — Maire : Claude Mélinand; — Conseil municipal : Jules Rampon, Pierre Ballandras, Claude Méra, P. Charvériat, J.-M. Delaye, J.-M. Roquillard, B. Farjat, Cl. Renaud, Cl.-J. Ruet, Cl. Rampon, Cl.-M.-L. Durand; — Fondeur : Pierre Monet, Lyon, 1889; cette cloche donne le *la*.

2° Celle de 600 kilogr. dite « grosse cloche » qui porte l'inscription suivante : Parrain : Comte Agostino Antonelli ; Marraine : Marie-Emma Antonelli, née Garcia de la Palmira ; Curé J.-M. Provenaz ; Vicaire : Antoine Bataillon; Maire : Claude Mélinand; Adjoint : J.-M. Roquillard ; Membres de la Commission : Philibert Claitte, Benoît Farjat, Perrax-Fix, Jules Rampon, Claude Méra, C.-M. Carreyve, J.-M. Ballandras, P. Granger, J.-M. Deprêle, C.-J. Ruet, J.-A. Portay, Louis Vacheron, C. Fréty, J.-M. Polloce. Principaux souscripteurs : Philippe Charvériat, Emile Charvériat, famille Durnerin, Claudine Guichardet; parrain et marraine. Sonneur : C.-M. Rochard; — fondue à Lyon 1889 par Pierre Monet; — cette cloche donne le *sol.*

Avec la petite cloche qui date de 1833 et qui donne le *si*, la paroisse de Marchampt possède donc trois cloches qui permettent aux jours des grandes solennités de rivaliser avec nos églises de ville.

M. le curé Provenaz eut successivement pour vicaires :

11°. — M. l'abbé Patissier (14 juin 1887 — 20 octobre 1888).

12° — M. l'abbé Bataillon (31 octobre 1888 — 29 février 1892).

13°. — M. l'abbé Aurion (21 juin 1892 — 5 août 1895).

14°. — M. l'abbé Délain (9 septembre 1895 — mai 1898).

Grâce à l'initiative de M. l'abbé Bataillon et à la requête de son Curé, la Congrégation des Enfants de Marie fut, en vertu du Bref de Sa Sainteté, en date du 5 août 1887, instituée canoniquement à Marchampt, le 5 novembre 1890. Ce fut une source de grâces pour nos jeunes filles et une sauvegarde pour leur vertu, surtout dans les temps que traversait la France devenue officiellement athée.

En 1892 fut établi par Mme Catherine Récamier, veuve de M. François Charvériat, un ouvroir pour les jeunes filles qui faisaient partie de la Congrégation de la Sainte Vierge.

En octobre 1894 fut fondée par Mlle Mathilde Dur-

nerin une école maternelle dirigée par Sœur Marie-
Alphonse; puis, après la laïcisation (1908) par des
dames et des demoiselles. En octobre 1911, cette école
prit le nom de Garderie, confiée à Mlle Chevroton,
sœur sécularisée, fort connue et estimée de toute la
population.

Le 26 juillet 1896 fut érigée canoniquement par
Mgr Bonnardet, vicaire général, l'association des Mères
de famille de Sainte-Anne, connue plus communément
sous la dénomination de « Mères chrétiennes ».

Onzième Curé : M. FAURE (1896-1903.)

Le 23 octobre 1896, M. l'abbé Faure remplaça M. le
curé Provenaz, retiré du ministère pour cause de
santé. Il fut un prêtre « tout à son devoir » durant les
six ans et demi qu'il administra la paroisse de Marchampt.

Sous son ministère, en 1896, Mme et Mlle Mathilde
Durnerin fondirent une mission décennale à perpétuité.

Une plaque de marbre qui se trouve au presbytère
porte l'inscription suivante :

« MISSION FONDÉE A PERPÉTUITÉ

DANS LA PAROISSE DE MARCHAMPT

PRÊCHÉE PÉRIODIQUEMENT A PAQUES.

Pâques 1896.   M. D. »

La première mission fut prêchée, par des Francis-
cains, en 1897. La deuxième eut lieu en 1907, sous le
ministère de M. le curé Lathuillière ; elle fut prêchée
par deux Missionnaires apostoliques : les abbés Ver-
net, alors curé de Saint-Joseph-en-Beaujolais, depuis
1917 curé de Saint-Just à Lyon et Huguet, du diocèse
de Lyon. Non seulement les paroissiens de Marchampt,
mais encore ceux de Claveisolles qui habitaient la
Grandouze venaient entendre la parole éloquente des
ministres de Dieu et répondre ainsi à l'appel de la
grâce. La mission réussit au-delà de toute espérance.

A cause de la guerre franco-allemande (2 août 1914
— 28 juin 1919), la troisième mission n'a pu être donnée en 1917, au grand regret de M. le Curé de Marchampt.

M. le curé Faure mourut à Marchampt, le 13 mars

1903, à l'âge de 56 ans. Sa dépouille repose dans le cimetière de Verrières (Loire). Il eut successivement pour vicaires :

M. l'abbé Délain.

15°. — M. l'abbé Dumas Marius (1898-1901.)

16°. — M. l'abbé Déprez Maurice (5 octobre 1901 — 15 octobre 1906.)

Douzième Curé : M. LATHUILLIÈRE (1903-1914.)

Le 30 mars 1903, M. l'abbé François Lathuillière, vicaire à Saint-Bonaventure (Lyon) était nommé Curé de Marchampt, en remplacement de M. Faure. Très digne dans son port et dans ses actes, ce prêtre eut « le sens de la mesure », qualité maîtresse d'un pasteur et d'un administrateur. Aussi a-t-il incarné à Marchampt le prestige de la dignité sacerdotale qui fait garder les distances et en impose même aux ennemis de la religion, sans détriment pour la bienveillance et le dévouement. Qui donc ne se rappelle avec plaisir sa parole douce et mélodieuse, un peu lente, mais toujours à la portée de son auditoire ? Modéré dans ses rapports, il fut un prêtre distingué à tous égards. Aussi Sa Grandeur, Monseigneur l'Archevêque de Lyon, lui confia-t-il, en toute sécurité, la paroisse difficile, mais honorable de Neuville-sur-Saône à laquelle est attaché le titre d'Archiprêtre.

M. le curé Lathuillière eut successivement pour vicaires :

M. l'abbé Déprez.

17°. — M. l'abbé Mornand Mathieu (19 octobre 1906).

18°. — M. l'abbé Troncy Marie-Joseph (8 juin 1907).

19°. — M. l'abbé Poy Joseph (2 avril 1909 — 1910).

20°. — M. l'abbé Cherpin Joseph (23 décembre 1910.)

21°. — M. l'abbé Cartan François (17 août 1912).

Il était heureux de signaler à l'attention des paroissiens le fécond ministère de MM. les abbés Troncy, Poy et Cherpin.

« Depuis vingt-deux mois que M. l'abbé Troncy était dans la paroisse, il avait su conquérir l'estime et la sympathie de tous par son affabilité, la distinction en même temps que la simplicité de ses manières et par sa piété. »

« M. l'abbé Poy s'était acquis toutes les sympathies par son dévouement simple et véritablement sacerdotal. Les enfants l'aimaient; il s'occupait d'eux d'une façon si évangélique ! Il aurait tant voulu leur donner l'amour du bon Dieu ! Les malades lui étaient reconnaissants; il les visitait si fidèlement !!! ».

M. le curé Lathuillière écrivit ces paroles élogieuses à l'adresse de M. l'abbé Cherpin, quelques mois après son arrivée à Marchampt : « Dès les premiers jours, il s'est mis résolument à l'œuvre; et, déjà il a gagné toutes nos sympathies par son affabilité et sa distinction. Le Patronage a repris sa vie aussi bien la semaine que le dimanche; des projets sérieux se forment pour mettre de l'entrain partout, spécialement par le chant qui rehaussera l'éclat de nos offices, les dimanches et jours de grande fête. Les nombreux enfants de nos catéchismes se sentent heureux. Ils aiment déjà leur vicaire comme un bon père. »

Actuellement, M. l'abbé Troncy est vicaire dans la paroisse de Sainte-Barbe, à Saint-Etienne (Loire) ; — M. l'abbé Poy, à Saint-Just de Lyon ; et M. l'abbé Cherpin, à Belmont (Loire).

Il nous est agréable de faire mention de la citation de M. l'abbé Cherpin, à l'ordre du régiment : « Très bon gradé, d'un grand dévouement au cours de la période du 15 au 30 octobre 1918 a toujours assuré le ravitaillement des sections de première ligne. Dans la journée du 17 octobre, la passerelle ayant été coupée, a rétabli la liaison avec le chef de bataillon, sous un violent tir de barrage et en passant dans l'eau. A son retour, s'est immédiatement occupé de l'évacuation des blessés — a pris froid — et, malgré la fièvre, a refusé de quitter son poste. »

Mme Mathilde Durnerin.

Il est dans les desseins de la Providence que les Paroisses trouvent, dans certaines personnes favorisées dés dons de la fortune, de l'intelligence et du cœur, un appui fort appréciable relatif aux misères corporelles et spirituelles. Or M⁰ⁱᵉ Durnerin était une de ces âmes compatissantes à l'égard du prochain. A Marchampt, elle fut une conseillère discrète et une bienfaitrice modeste. Non contente d'agir seule, elle se plaisait à aider sa fille dans toutes ses différentes œuvres.

A Paris, ses privilégiés furent les pauvres qui trouvaient auprès d'elle le meilleur accueil, et, les petits-enfants qu'elle instruisait si aimablement, en vue de leur faire faire une excellente Première Communion.

Le 15 décembre 1908, Mᵐᵉ Durnerin ne fut pas insensible à l'expulsion des Sœurs Augustines qui desservaient l'Hôtel-Dieu. Mêlée à la foule, elle protesta contre une pareille iniquité. De retour chez elle, une congestion l'emporta subitement. Cette âme, mûre pour le Ciel, fut vivement regrettée de sa famille et spécialement de la paroisse de Marchampt qui, chaque année, profitait, durant trois mois, de ses largesses.

En 1908, Mⁱⁱᵉ Mathilde Durnerin, émue de l'émigration des jeunes filles vers la ville voulut faire à Marchampt ce qu'on fait dans les Vosges, contrée si remarquable par ses broderies sur lingerie et sur filet. Une grande maison de Paris leur assura du travail. Placées sous la protection de la Bᵗᵉ Jeanne d'Arc, elles reçurent une broche à l'effigie de la Libératrice de la France.

M. Philippe Charvériat.

Le 8 octobre 1911, la paroisse de Marchampt faisait une grande perte en la personne de M. Philippe Charvériat, conseiller municipal et conseiller paroissial, bienfaiteur généreux de notre église, de nos œuvres et des pauvres.

Le 12 décembre 1910, il avait célébré en la Basilique d'Ainay, à Lyon, les noces d'or de son mariage avec Mᵐᵉ Anne-Marie Robas qui fut, pendant cinquante ans, la confidente, la lumière et la joie de sa vie. Autour des deux jubilaires se pressaient tous leurs enfants et petits-enfants si nombreux. Il semblait que la vie sourirait encore longtemps à cette union si chrétienne. Mais Dieu avait décidé, dans sa miséricordieuse bonté.

de récompenser son serviteur, en l'appelant à Lui. Le 5 octobre 1911 M. Charvériat expirait, après avoir voulu, dès les premiers jours de la maladie, recevoir les sacrements. De magnifiques funérailles lui furent faites, à Marchampt; la plus grande partie de la population y assistait dans le plus profond recueillement, au souvenir de cet homme de bien et de ce parfait chrétien.

Confirmation à Marchampt
(24 avril 1912).

Nous ne saurions passer sous silence un événement qui ne s'était pas reproduit à Marchampt depuis le 14 avril 1845, date de la bénédiction de la nouvelle église et de la confirmation des enfants de Quincié et de Marchampt par S. Em. le Cardinal de Bonald. Après soixante-sept ans, la paroisse devait recevoir, le 24 avril 1912, l'Auxiliaire du Cardinal Coullié : S. Gr. Mgr Déchelette, en tournée de confirmation.

A cet effet, toutes les maisons qui étaient sur le parcours de la procession, furent décorées avec goût ; les arcs de triomphe dressés très nombreux avec banderolles blanches qui disaient à l'Evêque du diocèse la joie et la fierté de le recevoir.

L'église avait été extérieurement parée d'une riche décoration. A l'intérieur, des guirlandes fines et délicates entouraient les colonnes; d'autres, plus riches, ornaient le sanctuaire où se dressait le trône épiscopal.

Mercredi, 24 avril, à 2 h. 1/2, les enfants vont processionnellement à la rencontre de Monseigneur. M. Joseph Charvériat, au nom du Conseil paroissial, adresse à Sa Grandeur un salut plein de respect, de reconnaissance et d'affection pour l'honneur qu'elle fait à Marchampt par sa visite. Au passage du Pontife, les fidèles s'inclinent; les mères présentent leurs petits enfants en vue d'une bénédiction spéciale. C'est un vrai triomphe..... A l'église, M. le Curé exprime la joie de ses paroissiens dans une courte allocution. Après avoir confirmé 200 enfants, tant de Quincié que de Marchampt, Monseigneur dit avec des accents vraiment paternels combien il était touché des honneurs qu'il venait de recevoir. Ces honneurs, fit-il remarquer, s'adressent moins à ma personne qu'à l'Evêque, qu'au représentant de Jésus-Christ.

De nos jours encore, on garde le plus agréable souvenir de cette physionomie épiscopale qui fut empreinte de majesté et de bonté.

En janvier 1913, un grand bienfait était accordé à Marchampt. Mmes Charvériat et Crétinon créèrent l'œuvre du trousseau qui fut interrompue pendant la guerre. Elle comptait neuf adhérentes.

Treizième Curé : M. MONTALAND (1914.)

Le 14 mai 1914, M. l'abbé Montaland, vicaire, à Saint-Polycarpe (Lyon), depuis onze ans, s'installait à la cure de Marchampt, en remplacement de M. Lathuillière, devenu curé-archiprêtre de Neuville-sur-Saône. Pour seconder ses efforts et collaborer à ses travaux, Monseigneur l'Archevêque avait maintenu, comme vicaire, M. l'abbé Cartan, bachelier en théologie.

Plein de confiance en la Providence, vu son obéissance à l'autorité diocésaine, et, fort de l'appui des prières de ses confrères de Saint-Polycarpe, en vue de son apostolat, M. le Curé se présenta lui-même, le dimanche 17 mai, aux deux messes. En juillet, à tous ses paroissiens, il offrait, à titre gracieux, le *Bulletin cantonal*. Son article intitulé : « Installation de M. le Curé » fut et est encore le programme de son ministère pastoral à Marchampt. Le voici *in-extenso* : « Chers paroissiens, il m'est agréable de vous exprimer ma vive reconnaissance pour votre accueil bienveillant et empressé fait, le 14 mai, à votre nouveau Pasteur. Si la cérémonie d'installation a été modeste, dépourvue qu'elle était de l'éclat accoutumé dans les villes du diocèse, elle n'en a pas été moins expressive ni filiale. C'était le Père de famille au milieu de ses Enfants. La joie était peinte sur tous les visages, et, le sentiment chrétien qui animait les fidèles s'est traduit par l'exécution parfaite des chants liturgiques et par une attitude religieuse et recueillie. La paroisse de Marchampt s'affirmait noble dans ses traditions chrétiennes et respectueuses de l'envoyé de Dieu.

« Heureux de répondre à vos désirs, et plus encore

aux besoins pressants de vos âmes, j'ai confié mon nouveau ministère à Notre-Dame de Fourvière. Ce n'est pas en vain que les Lyonnais l'ont invoquée dans leurs épreuves ; toujours ils en ont éprouvé les plus douces consolations et les secours les plus réconfortants. Puisse cette Mère du Ciel vous prodiguer les mêmes faveurs, tant au spirituel qu'au temporel !!! Mais vous avez un sanctuaire dédié à Notre-Dame Auxiliatrice !!! Puissiez-vous obtenir des faveurs semblables, surtout en ces jours troublés où la foi est affaiblie, où le respect du Décalogue est amoindri, et où l'esprit de sacrifice est banni des cœurs !!!...

« Ensemble, nous nous efforcerons d'apaiser la colère de Dieu justement irrité contre la société païenne ou tout au moins très indifférente. Vous vous rappellerez sans cesse la mission du Prêtre qui doit, par son dévouement tout évangélique, rechercher les fidèles eux-mêmes dans ce qui leur est le plus cher : « leur âme ». Aux détenteurs du pouvoir civil est confié le soin temporel de la société, des familles et des individus ; aux ministres de Dieu incombe le salut des âmes !!!... Aussi, chers paroissiens, avez-vous un droit strict à mon amour ; car, dès à présent, vous êtes ma famille en Jésus-Christ !

« Je veux votre bonheur, même en ce monde.

« Ma présence au milieu de vous en est un témoignage authentique ; du reste, en vue de vous procurer le bonheur véritable qui se trouve dans l'observation de la loi divine, votre Curé vous fera connaître, aimer et pratiquer cette même loi, en vous communiquant les trésors de la grâce par son sacerdoce.

« A vous, chers paroissiens, de répondre à son appel et à son dévoûment par la fidélité à la prière, à la sanctification du dimanche, qui est le jour du Seigneur, à la loi de l'abstinence ; enfin, à toute la loi elle-même qui, violée de plein gré, attire les châtiments de Dieu, et qui, au contraire, observée généreusement et constamment, est le gage du salut éternel que je vous souhaite de toute mon âme. »

La réponse la plus digne des paroissiens fut l'assistance nombreuse aux saints offices du dimanche. Depuis son arrivée 14 mai jusqu'au 2 août, date de la mobilisation, le nouveau Curé était tout à la joie de diriger une paroisse animée de très bons sentiments. Mais, que de surprises, que de deuils, que de misères devaient affecter non seulement Marchampt, mais la France et l'Europe entière !!!...

Causes de la guerre
franco-allemande
(1914).

Le double assassinat de l'archiduc d'Autriche, héritier, et de sa femme, fut, de l'aveu de tous, le douloureux incident duquel devait sortir une guerre générale. Le matin du 24 juillet 1914, l'Autriche avait envoyé à la Serbie une note menaçante et n'avait laissé à ce petit état qu'un délai de deux jours pour s'exécuter. Le gouvernement serbe, pour éviter un conflit européen, et, sur l'instigation de la France, de la Russie et de l'Angleterre, répondit à l'ultimatum par toutes les concessions compatibles avec sa dignité; mais, l'Autriche qui, d'accord avec l'Allemagne, voulait la guerre, trouva ces concessions insuffisantes.

Le 28 juillet, la guerre est déclarée à la Serbie; le samedi 1er août, à 7 heures du soir, l'Allemagne déclare elle-même la guerre à la Russie. Le lendemain, à l'aube, sans que la France ait fait un geste de provocation, les troupes allemandes pénètrent sur le territoire luxembourgeois et franchissent nos frontières près de Cirey et de Longwy.

A la fin de la journée, l'empire d'Allemagne, consommant le forfait, adresse un ultimatum à la Belgique. Il ne reste plus qu'à couronner par le mensonge et le parjure cette œuvre de folie impériale.

Déclaration de guerre.

Le 3 août, la neutralité belge est violée et l'Allemagne déclare la guerre à la France, en prétextant d'un ton grave et péremptoire que des avions français ont survolé l'Eiffel et le Nuremberg. Nouvelle absurde dont l'invraisemblance sautait aux yeux et dont nos ennemis ont été forcés récemment de reconnaître la fausseté.

Le peuple français s'est senti en état de légitime défense et il a réalisé d'un mouvement spontané cette union sacrée qui est la condition maîtresse de la victoire et qui a trouvé dans la magnifique séance parlementaire du 4 août une consécration grandiose (Lettre de M. Poincaré, Président de la République aux armées, à l'ocasion du deuxième anniversaire de la guerre).

La guerre est immédiatement devenue une guerre nationale : ce fut une croisade pour le droit des gens et pour la liberté des peuples. La vraie France s'est révélée au monde entier dans les combats de la Marne et de l'Yser, de la Champagne et de l'Artois, de la Meuse et de la Somme. Les alliés soutenus et défendus sont devenus de précieux auxiliaires en vue de la victoire finale. Cette victoire finale doit être certaine, au dire du généralissime Joffre (2 août 1916) :

« Depuis deux ans, écrit-il aux soldats de la République, vous soutenez sans faiblir le poids d'une lutte implacable.

« Vous avez fait échouer tous les plans de nos ennemis, vous les avez vaincus sur la Marne, vous les avez arrêtés sur l'Yser, battus en Artois et en Champagne, pendant qu'ils cherchaient vainement la victoire dans les plaines de Russie.

« Puis, votre résistance victorieuse dans une bataille de cinq mois a brisé l'effort allemand devant Verdun.

« Grâce à votre vaillance opiniâtre, les armées de nos alliés ont pu forger les armes dont nos ennemis sentent aujourd'hui le poids sur tous les fronts.

« Le moment approche où, sous notre poussée commune, s'effondrera la puissance militaire allemande.

« Soldats de France, vous pouvez être fiers de l'œuvre que vous avez accomplie déjà. Vous êtes décidés à l'accomplir jusqu'au bout. La victoire est certaine !!! »

Quelle vue prophétique !!!... Le 11 novembre 1918, l'armistice était signé, ainsi que la paix, le 28 juin 1919. Cette paix est due, à ne pas en douter, au génie des chefs et à l'héroïsme des soldats, au dévouement des patriotes qui, sous les formes les plus diverses, ont aidé la défense nationale à briser le gigantesque effort de l'orgueil germanique.

Depuis la mobilisation, la paroisse de Marchampt

comprit son devoir et enregistra au fur et à mesure, non sans une émotion de fierté, les enfants tombés glorieusement pour la Patrie. Les voici d'après la date de leur mort ou de leur disparition.

Victimes glorieuses de la guerre.

1° M. DESRAYAUD Jean-Marie, frère de M™ Thuilière du Car de Sagnié.

2° SANTAILLER Claudius, frère de M™ Dulac, de Bourg. Il s'était fait aimer par son bon naturel. Sur le point de succomber au feu de l'ennemi, il manifesta ses sentiments chrétiens d'une manière admirable, en faisant à haute voix son acte de contrition. Avec joie, il fit le sacrifice de sa vie en faveur de son beau-frère, suppliant Dieu de veiller sur lui et de le rendre sain et sauf à sa famille. Sa mort fut celle d'un parfait chrétien.

3° M. l'abbé Marc CHARVÉRIAT, sous-diacre, élève au Séminaire de Saint-Sulpice. Resté à son dépôt de Montélimar, jusqu'au 23 août, il s'offrit alors à partir au front, à la place d'un père de famille. Le 27, il rejoignit son régiment, près de Nompatelize. Le 28, il fit partie d'une patrouille envoyée dans une clairière et il fut tué, le même jour, au cours de cette mission, à Saint-Rémy (Vosges), à l'âge de 27 ans. Marc tomba criblé de balles. Les dons si remarquables d'intelligence, de cœur et de caractère que Dieu lui avait départis, écrivait le Supérieur du Séminaire de Théologie d'Issy, faisaient augurer pour un ministère sacerdotal très utile à l'Eglise et aux âmes, aussi fructueux que brillant. Le diocèse de Lyon perdit en lui certainement un jeune clerc qui serait devenu un prêtre de premier ordre. Il est mort dans la ferveur de son sous-diaconat et l'accomplissement héroïque de son devoir.

4° VERMOREL Louis, des Jogues. Sa jeunesse fut celle d'un écolier pieux et studieux. Ses progrès furent si rapides qu'après avoir obtenu son brevet, il put embrasser la carrière de l'enseignement. Après deux ans d'un brillant professorat, à Beaujeu, il déclina toute offre avantageuse et honorable pour devenir le soutien de la famille dont il était l'âme et la joie.

Non content de dépenser ses forces dans la direction et le labeur des affaires familiales, il se plut encore à prodiguer son savoir et son dévouement à ses concitoyens, particulièrement dans les assurances mutuelles d'incendie et de bétail. Secrétaire actif et éclairé, il sut se faire apprécier de tous par la rectitude de son jugement et par ses manières à la fois simples et cordiales. Il était avant tout « l'homme du devoir » et « un homme de bien » dans toute l'acception du mot. Son plus grand bonheur était de rendre service à tout le monde, sans distinction de partis. Assurément si Dieu l'avait conservé à l'affection du pays, il serait devenu l'instrument utile des grandes et nobles causes. Chrétien aussi convaincu que loyal, citoyen aussi dévoué que désintéressé, Louis Vermorel ne pouvait être qu'un parfait soldat. Conscient du rôle que lui assignait la Patrie en danger, il mit ordre à ses affaires temporelles et spirituelles. Ce fut le 29 août 1914 qu'il mourût blessé au front, près de Saint-Dié, dans la commune d'Entre-deux-Eaux.

5° FOUGERAS Jean-Marie, des Palais. Il se distinguait surtout par son affabilité. Blessé le 16 août, il mourut des suites, le 30 dudit mois, à l'hôpital de Belfort.

6° VACHERON Claudius, soldat de première classe. D'un naturel sérieux et aimable, il eut toujours le culte de la famille dont il fut le charme et la consolation. Membre du Patronage alors si vivant sous la direction de M. l'abbé Cherpin, vicaire actif et dévoué, il se fit aimer de ses camarades par l'aménité de son caractère et trouva dans l'assiduité aux offices de la paroisse un aliment puissant à sa piété. Aussi n'étonnerons-nous personne en disant que sa fin fut celle d'un brave et fervent catholique. Blessé d'un éclat d'obus, au combat de la Marne, à Bouillancy, il mourut le lendemain, 9 septembre 1914. Il fut inhumé à Nanteuille-Haudouin (Oise.)

7° CARREYVE Louis, du Bourg, caporal. Ce jeune homme, l'orgueil de ses parents, donnait les plus belles espérances au pays. Il eût été pour la jeunesse un conseiller ferme et prudent, un guide sûr et un ami dévoué à la bonne cause. Secondé par son ami intime Louis Vermorel, qui partageait ses vues, il eût fait de nos jeunes gens des chrétiens pratiquants et convaincus. Blessé à Estival (Vosges), le 8 septembre, il mourut le 10 du même mois dans une ambulance prussienne de la Croix-Rouge.

8° DULAC Jean-Baptiste, de Lantignié, était le fils de la veuve Dulac, des Chopins.

9° CONDEMINE Philibert, du Rajon.

10° MONTEL Jean-François, frère de Mme Dufour, des Bruyères.

11° PETITBON Antoine, blessé deux fois, en Alsace, appartenait aux zouaves. Ordonnance d'un officier, il se fit remarquer au Maroc, à Tunis, à Fez, par ses brillantes qualités de cœur et de courage. A la fin de septembre, il fut envoyé en France, dans l'Aisne. Au combat du 2 novembre, il reçut une blessure mortelle et mourut en brave à Rogny (Aisne), à côté de son officier. Son capitaine, en apprenant la mort glorieuse d'Antoine, à sa sœur de Villefranche, ajouta ces paroles dignes de remarque : « Le vide créé dans nos rangs par la perte de pareils soldats est grand ; et notre désir de le venger reste entier. Le souvenir de notre brave camarade restera gravé dans nos cœurs comme celui d'un courageux soldat mort en héros, face à l'ennemi. Nous avons pu lui assurer une sépulture digne d'un soldat français tombé au champ d'honneur et, il repose en dehors des atteintes ennemies, près de la ferme de Mets (Aisne). »

12° THOMAS Benoît, des Jogues. Tout jeune, il se fit remarquer par son bon caractère, son intelligence vive et sa mémoire prodigieuse. M. l'abbé Faure, curé de la paroisse, eût vite remarqué cet enfant ; il le prit pour son servant de messe durant quatre ans et lui confia la vente quotidienne du *Nouvelliste* et la vente hebdomadaire du *Pèlerin* et de la *Croix*.

Grâce au Patronage confié aux soins de vicaires zélés, Benoît reçut une direction sage et éclairée qui completa son éducation chrétienne. Obligé de se placer à Villefranche, pour venir en aide à ses parents, il fit le bonheur de ses patrons qui apprécièrent à sa juste valeur le jeune employé.

Lors de la déclaration de la guerre, Thomas qui avait déjà servi la Patrie depuis un an dans les chasseurs alpins, se rendit, sur l'ordre de ses chefs, de Grenoble dans la Somme. Frappé mortellement par un éclat d'obus, il fit généreusement le sacrifice de la vie pour la France. Conduit à l'ambulance de la Salpêtrière, à Paris, il mourut le 7 novembre, victime de son dévouement. Sa mère et ses deux sœurs l'assistèrent jusqu'à son dernier soupir. Les honneurs militaires furent rendus à cet humble fils de France. M. Génot, délégué de l'hôpital, se fit l'interprète de tous en adressant des paroles émues de réconfort à sa famille si éprouvée.

13° FOUGERAS Jean-Claude, frère de Jean-Marie des Palais. Atteint de la fièvre typhoïde sur le champ de bataille, il succomba à l'hôpital de Villers-Cotterets (Aisne), le 17 décembre 1914. Dans l'espace de quatre mois, la famille Fougeras perdit sur sept *deux* de ses enfants qui en eussent été les soutiens fort appréciables.

14° DUCROT Joannès, de Parange. Il appartenait à classe de 1915. En décembre, il se rendit à Romans (Drôme). D'une constitution délicate, il ne put supporter longtemps les exercices préparatoires à la vie militaire sur le front. Atteint d'une bronchite pulmonaire, il fut transporté à l'hôpital de Valréas (Vaucluse). En moins de huit jours, il succomba, le 3 mars, privé de la présence de ses parents. La douleur des siens fut d'autant plus vive que la séparation fut prompte et inattendue.

15° ECHALLIER Henri, des Ecoles, était le neveu de Jean-Marie Terrel. Pendant sept ans, il fut enfant de chœur. Il fut pour ses parents un fils aimant et respectueux. Il mourut, le 16 mai, à Noulette, dans le Pas-de-Calais.

16° TERREL Jean-Marie, des Palais. Le médecin-chef de l'hospice de Commercy envoya la lettre suivante à Mme Terrel : « J'ai l'honneur de vous informer que votre mari, du 171ᵉ régim. d'infant. entré le 18 mai pour fracture compliquée de la cuisse droite par éclat d'obus est décédé le 19 mai des suites de sa blessure. Très affaibli, il s'est éteint doucement entouré de tous les soins que lui prodigua le personnel ainsi que M. l'Aumônier dans l'exercice de son ministère. Son corps repose au cimetière de la ville dans une fosse individuelle; une croix portant son nom indique l'emplacement de la tombe. »

Nous sommes heureux de dire, pour l'honneur de la paroisse et de sa famille que Terrel se faisait une joie de chanter au lutrin et un devoir d'assister régulièrement aux saints offices.

17° THÉVENET Joanny-Joseph appartenait à une famille honorable et nombreuse établie au Fay depuis quelques années. D'une nature droite et active, ce jeune homme ne voulut pas être à charge à ses parents. Il se fit garçon-boucher à Paris. Il s'attira l'estime et l'affection de son patron. A son départ pour le service militaire, il se trouvait le premier des sept garçons au service de son maître. Le 15 juin 1915 il fut tué en Alsace en montant très crânement à l'assaut d'une position très fortement organisée, qui a été conquise.

18° PERRAS François, bien connu de la population, par sa famille établie depuis trente-neuf ans « Sous-le-Bois », était le cinquième fils de la Vᵛᵉ Murard. Blessé par un éclat d'obus, il fut conduit dans l'ambulance la plus proche et eût le bonheur de voir son frère Baptiste, qui faisait partie du même régiment que lui. En bon chrétien, il accepta les derniers sacrements que lui proposa M. l'Aumônier. Le lendemain, 22 juillet 1915, il mourut des suites de ses blessures. Les parents eurent la consolation d'apprendre que rien n'avait été négligé en la circonstance : messe dite pour le repos de son âme, honneurs militaires rendus officiellement à ce défenseur de la Patrie, et allocution touchante prononcée par le capitaine.

19° GAUTHIER Jean-Marie, des Santaillers. Blessé à Verdun, au nord du bois de la Caillette, il mourut le 2 mai 1916, dans une tranchée, après dix heures de vives souffrances.

20° AUFRAND Joanny-Eugène, des Bonnevay. Après avoir durant deux années consécutives vaillamment combattu, il fut grièvement blessé et mourut à Grenoble, dans une ambulance, le 8 juillet.

21° ECHALLIER Jean-Benoît, caporal, des Farjus. Il fut tué le 15 juillet, au bois de l'Endurance, en avant de Maricourt et inhumé à Maricourt, dans la Somme.

22° CHARVÉRIAT Jean, soldat au 133ᵉ d'infanterie, tombé pour la France, le 30 juillet 1916, à Curlu (Somme), à l'âge de 25 ans. Blessé une première fois le 9 juillet 1915, à La Fontenelle (Vosges) d'un éclat d'obus à la jambe, il demanda, après son congé de convalescence, à retourner de suite au front. Le 30 juillet 1916, à l'attaque du bois de Hem (Somme), il eut la jambe emportée par un obus et expira deux heures après, au poste de secours, assisté par un prêtre-infirmier du régiment, son ami, qui écrivit à ses parents : « Votre fils est mort en héros et en saint. J'ai pu, avec l'absolution, lui donner la Sainte Communion et l'indulgence plénière. Ses camarades, comme ses chefs, le considéraient comme l'homme du devoir par excellence, modeste et brave, toujours prêt à occuper volontairement les postes les plus pénibles et les plus dangereux.»

23° DUFOUR Claude, des Bruyères.

24° LAMURE François, des Jogues.

25° DULAC Etienne, du Bourg, fils de la veuve Dulac, des Chopins. Après avoir été grièvement blessé à Belloy-en-Santerre, près de Berny, le 15 octobre 1916, il fut transporté au poste d'évacuation, à Moreuil (Somme), où il eut le bonheur de recevoir les secours de la religion et de revoir son épouse qui, en la circonstance, fut admirable de courage et de résignation. Ce brave mourut le 24 octobre, en véritable chrétien, donnant l'exemple du pardon vis-à-vis de ses ennemis. Il fut inhumé à Moreuil.

26° JAMBON Philibert, des Palais.

27° SAPIN Louis, des Villiers.

28° MARTIN Joseph, du Bourg.

29° DULAC Benoît, caporal, du Car de Sagnié.

30° CLAITTE Philibert, caporal, du Bourg de Sagnié. Au sortir de l'école, ce jeune homme d'un très bon naturel, passa les quelques années qui devaient précéder son départ au service militaire chez ses grands-parents et chez un oncle, à Saint-Cyr-au-Mont-d'Or. Il trouvait son bonheur dans la famille qui jouit avec raison de la plus grande considération. Le 3 août 1917, un adjudant voulut bien donner à sa mère les détails suivants relatifs à la mort de Philibert : « Votre fils, le caporal Claitte, était un brave garçon, bon caporal et bon camarade, très regretté de la compagnie. Il est mort en brave dans un petit poste. Une malheureuse torpille l'a atteint avec trois autres de ses camarades dont son lieutenant, chef de section. Il est enterré à l'ouest de Saint-Quentin dans les environs d'une ancienne voie romaine. »

31° CHOPIN Joseph, de Vers-l'Aye.

32° GUICHERET Antoine-Philippe, des Vignes.

33° GROBOST Joanny, fils de la veuve Grobost, des Jogues.

34° MATHON Jean-Claude, des Rebois.

35° TROUILLET François-Claude, des Jogues.

36° ECHALLIER Louis-Florent, des Ecoles.

37° FOURNIER Jean-Sylvain, des Palais, caporal-clairon, au 10° bataillon sénégalais, engagé volontaire, le 18 mars 1907, s'est distingué par son courage et son sang-froid dans les campagnes qu'il fit au Tonkin, du 20 février 1908 au 6 juillet 1911 ;   au Maroc, du 1er août 1912 au 1er août 1914 ; — et contre l'Allemagne au Maroc, du 2 août 1914 au 21 février 1918. Durant onze ans, il s'est couvert de gloire comme l'attestent la médaille du Tonkin et du Maroc, la médaille militaire et la croix de guerre avec palme.

Notre brave était, en outre, un très bon tireur et obtint comme récompense le cor de chasse brodé, à la suite des tirs de l'année et des concours. Assurément, il avait une âme de soldat; et, à ce titre, il mérite non seulement l'admiration de ses concitoyens, mais encore leur meilleur souvenir ; car, de tous les soldats de Marchampt, il fut celui qui a le plus combattu pour l'honneur et les droits de la France.

Le 7 avril 1913, il fut atteint d'une balle dans la cheville gauche qui avait brisé l'extrémité inférieure du péronné, dans le combat de la Casbah Tadla, au Maroc.

Le 21 février 1918, au combat des Beni Oujjane, il fut atteint mortellement.

38° AUDIN Louis, du Château-Rouge.

39° DESPLACES Philibert fut de tous les soldats de Marchampt le seul qui ait visité tous les fronts, à l'exception du front belge. A son bienfaiteur, M. Durnerin, il se plaisait à écrire : « Je pourrai toujours dire que j'en ai fait ma part ! »

Philibert fut un soldat tout à son devoir ; et, malgré les souffrances qu'il eût à endurer, il se trouvait heureux.

En Serbie, il dut lutter contre les Bulgares qu'il appelait des sauvages. « Durant dix jours, disait-il, nous nous sommes battus comme des lions. Aussi, la Compagnie a-t-elle été citée à l'ordre de l'armée ! »... et ce n'était que justice.

Durant son séjour en Orient, il a tout enduré : la faim, la soif, le froid, la fatigue et la privation de sommeil.

Quelle ne fut pas sa vaillance en la circonstance suivante : « L'ennemi bulgare nous harcelait de toute part ; ce ne fut que trois heures après que je pus faire panser ma blessure, et il me fallut faire 30 kilomètres à pied pour aller à l'ambulance. J'ai marché toute la nuit avec mon épaule brisée. Oh ! ce que j'ai souffert pour marcher à travers ces rochers... »

Qui dira son opiniâtreté à défendre son pays, alors de retour sur le front français ? « Je crois que les Boches reconnaîtront la valeur des Français. Pour mon compte, j'y vais de grand cœur. Jusqu'à présent, ils ne m'ont pas encore fait trembler. ces maudits boches », et cependant. Philibert était un brave sur le champ de bataille : « Ils ne nous feront pas reculer d'une semelle ; au contraire, toutes les fois que nous avons voulu avancer, nous y sommes arrivés et sans qu'ils puissent nous reprendre le terrain perdu... »

Ses lettres nombreuses attestent un caractère péu ordinaire, un grand amour des siens et un ardent désir de contribuer au salut de la France. Aussi sa mémoire sera-t-elle toujours en bénédiction dans l'esprit et le cœur de ses concitoyens !

40° CHABUET Claudius, du Rajon.

41° BURNICHON Claudius, du Colombier.

42° MOLINIER Flavien-Roger, des Jogues.

Soldats disparus, d'après avis trouvé à la Mairie.

43° CHOPIN Claudius, de Vers-l'Aye.

44° CHOPIN Félix, de Vers-l'Aye.

45° ROCHE Antonin, des Farjus.

46° CARREYVE Jean-François, du Bourg.

47° M. l'abbé SANTAILLER Jean-Marie (dit Joannès), clerc-minoré, fut un séminariste modèle et un soldat remarquable. Au Grand Séminaire, il sut, malgré l'apparence d'une nature froide, mais réfléchie, se faire aimer de tous, tant de ses supérieurs que de ses confrères. Ce fut moins l'éclat de ses succès que celui de sa modestie qui le distingua des Aspirants au Sacerdoce.

Il s'est révélé sur les fronts divers où ses chefs l'envoyèrent successivement comme un nouveau Bayard, « sans peur et sans reproche. »

Il fut *sans-peur*. « Je serai un brave jusqu'au bout, nous dit-il le jour de la mobilisation (2 août 1914).» Il le fut de suite sur le champ de bataille. Le 22 août, des centaines de balles avaient déjà sifflé à ses oreilles et l'avaient laissé indemne. Au commencement de septembre, il arrêta une balle de mitrailleuse pour en faire son locataire. Le 17 octobre il écrivait : « Je suis toujours en présence de l'ennemi; mais j'y suis habitué. Il est probable que je recevrai encore un pruneau avant peu; et, tant pis, si je reviens à Marchampt avec une jambe de bois. »

Le 31 octobre, il avait, selon son expression, reçu
de nouveau le baptême du feu à Lihons, près de Chaul-
nes. En effet, un éclat d'obus était tombé à ses pieds.
Il en résulta pour lui un ébranlement de la colonne
vertébrale, la perte momentanée de la vue et de l'ouïe.

Le 21 août 1915, il était cité à l'ordre de la brigade,
comme sergent. Il fut l'un des héros de la prise de
Souchez à qui l'honneur revint en partie au 159e.

Le 10 octobre, de sergent, il était promu sous-lieutenant. Désormais, il avait 50 hommes sous ses ordres
Il comprenait l'importance de son rôle : « La moindre
imprudence pourrait, disait-il, causer leur mort ! »
Le 28 janvier 1916, notre jeune officier était cité à
l'ordre de la division. Le 22 avril, il écrivait ces lignes
remarquables : « Après Verdun, Saint-Mihiel, nous sommes toujours en première ligne; le repos n'est pas
pour les bonnes troupes; la mort seule donne le repos
aux soldats du 159e ! » Le 4 septembre, Joannès est
resté dans la tranchée allemande, devant le cimetière
de Berleux, à une lieue de Péronne, protégeant au
revolver la retraite de sa section contre-attaquée par
des troupes ennemies en nombre bien supérieur. On
l'a supposé blessé et prisonnier. Il est, officiellement,
porté *disparu*.

Sans peur, Santailler fut *sans reproche*. Tout jeune,
il fut, pour ses parents un sujet d'édification et un modèle d'obéissance. A l'école cléricale de Claveisolles,
il trouvait un aliment puissant à sa piété dans les
belles cérémonies qui, chaque dimanche, s'accomplis-
saient dignement dans l'église paroissiale. Le règlement fut comme un frein à cette nature ardente, tran-
quille en apparence aux yeux de ses camarades. Au
petit Séminaire de Saint-Jodard, transporté à Belmont,
il fut un élève pieux et studieux. Au grand Séminaire
de Francheville, il reçut la tonsure, puis les ordres
mineurs dans les sentiments de foi et d'humilité qui devaient le caractériser dans la suite. L'exercice de l'o-
raison quotidienne affermit sa volonté ainsi que sa vocation à l'état ecclésiastique. Par ses communions fré-
quentes et ferventes, il nageait en plein dans le surna-
turel. Il méditait des journées entières sur les ques-
tions de théologie qu'il trouvait passionnantes.

Ses relations simples et cordiales firent le charme de ses confrères autant que ses succès dans la soutenance des thèses. Sa modestie exemplaire plus encore que sa science le fit aimer de ses supérieurs d'une manière toute spéciale. L'abbé Santailler épanouissait plus encore la vertu que la santé. Pour rendre intense sa vie morale, il comptait beaucoup sur les prières de ses compatriotes et amis.

Le 9 octobre 1914, il nous faisait part de ses pensées intimes : « Pour moi, j'ai fait à Dieu le sacrifice de ma vie, et je suis prêt à lui donner tout mon sang, s'il le réclame. »

Soldat dans la force du terme, il porta plus d'une fois secours à ses hommes qui, fiers de leur sous-lieutenant, retrouvèrent un moral de circonstance.

Dans ses lettres, toujours il nous disait que sa santé était très bonne, ou encore excellente, malgré les blessures et les dures fatigues de la guerre. Pour lui, l'excellence de la vie d'un homme devait consister dans une vie morale intense. Il était persuadé que là était le véritable secret du devoir accompli et qu'un bon moral était l'apanage de tout vrai fils de France. Le 20 décembre 1915, il affirmait sa victoire complète sur lui-même : « Ma santé reste très bonne ; et, le moral, comme le disait si bien un Parisien, est imperméable.

Nous avons donc raison de dire que notre Joannès fut sans peur et sans reproche. Quelques jours avant sa disparition qui eut lieu le 4 septembre 1916, il écrivait : « Qu'adviendra-t-il de moi ? Peu importe ! Mes affaires sont en règle ; la pensée du Ciel est présente en moi ; elle me soutient et me rend joyeux. Pendant que j'offrirai mes souffrances à Dieu pour le salut de la Patrie, priez pour moi et pour ceux qui me sont confiés, afin que nul ne périsse par ma faute ! »

Soldats disparus, mais sans aucun avis trouvé à la Mairie.

48° ECHALLIER Benoît-Fernand, des Ecoles.

49° DEPRÊLE Casimir-Victor, du Pied-du-Bois.

50° BERTHILLIER Pierre-Marie, de Laval.

51° TRICHARD Joseph, de Sagnié.

Paroisse de Marchampt (Rhône) -- Militaires morts pour la Patrie (1914-1918)

NOM & PRÉNOMS	ÂGE	RÉGIMENT	DATE DU DÉCÈS		LIEU DU DÉCÈS
DESBAYAUD Jean-Marie	30 ans	235e R. I.	1914	13 août	Montreux-Jeune (Alsace).
SANTAILLER Claudius	26 —	6e Colonial.	—	20 —	Waschald (Lorraine).
Abbé CHARVÉRIAT Marc, sous-diacre	27 —	52e R. I.	—	28 —	St-Rémy (Vosges).
VERMOREL Louis	26 —	52e R. I.	—	29 —	Entre-Deux-Eaux (Vosges).
FOUGERAS Jean-Marie	30 —	235e R. I.	—	30 —	Belfort
VACHERON Claudius, sold. 1re clas.	23 —	44e R. I.	—	9 septembre	Nanteuil-le-Haudoin (Oise).
CARREYVE Louis, caporal	26 —	75e R. I.	—	10 —	Estival (Vosges).
DULAC Jean-Baptiste	34 —	55e Bon Chas.	—	13 octobre	Raon-l'Étape (Vosges).
CONDEMINE Philibert	21 —	172e R. I.	—	14 —	Marbotte (Meuse).
MONTEL Jean-François	36 —	275e R. I.	—	31 —	Lihons (Somme).
PETITHON Antoine	22 —	4e Zouaves.	—	2 novembre	Rogny (Aisne).
THOMAS Benoît	23 —	14e Bon Ch. Alp.	—	7 —	La Salpêtrière, Paris.
FOUGERAS Jean-Claude	23 —	35e R. I.	—	17 décembre	Villers-Cotterets (Aisne).
DUCROT Joannès	20 —	75e R. I.	1915	3 mars	Valréas (Vaucluse).
ECHALLIER Henri	21 —	10e Bon Chas.	—	16 mai	Noulette (Pas-de-Calais).
TERREL Jean-Marie	35 —	171e R. I.	—	19 —	Commercy (Meuse).
THÉVENET Joanny-Joseph	23 —	129e R. I.	—	15 juin	Alsace.
PERRAS François	22 —	1er R. de Mont.	—	22 juillet	Alsace.
GAUTHIER Jean-Marie	22 —	170e R. I.	1916	2 mai	Verdun (Meuse).
ALFRAND Joanny-Eugène	27 —	171e R. I.	—	8 juillet	Grenoble (Isère).
ECHALLIER Jean-Benoît	27 —	14e Bon Ch. Alp.	—	15 —	Maricourt (Somme).
CHARVÉRIAT Jean, sold. de 1re clas.	25 —	133e R. I.	—	30 —	Bois de Hem (Somme).
DUFOUR Claude	21 —	75e R. I.	—	6 août	Verdun (Meuse).
LAMURE François	27 —	7e Bon Ch. Alp.	—	24 —	Maurepas (Somme).
DULAC Étienne	34 —	55e Bon Ch. Alp.	—	24 octobre	Moreuil (Somme).
JAMBON Philibert	26 —	47e R. Artill.	—	18 novembre	Vélusina (Serbie).
SAPIN Louis	21 —	159e R. I.	—	17 décembre	Frénoy (Somme).
MARTIN Joseph	33 —	32e R. I.	—	23 —	Bouchavesnes (Somme).
DULAC Benoît, caporal	35 —	260e R. I.	1917	21 mars	Monastir (Serbie).
CLAITE Philibert, caporal	22 —	139e R. I.	—	19 juin	Devant St-Quentin (Aisne).
CHOPIN Joseph	30 —	1er R. de Mont.	—	19 juillet	Coulé près de Malte.
GUICHERET Antoine-Philippe	20 —	23e Colonial.	—	1er août	Craonne (Aisne).
GROBOST Joanny	30 —	28e Bon du Génie.	—	11 —	Châlon-sur-Vesle (Marne).
MATHON Jean-Claude	35 —	259e R. d'Artill.	—	21 octobre	Nanteuil-Sancy (Aisne).
TROUILLET François-Claude	21 —	53e Bon Ch. Alp.	—	24 —	Craonne (Aisne).
ECHALLIER Louis-Florent	20 —	134e R. I.	—	14 décembre	Limoges (Hte-Vienne).
FOURNIER Jean-Sylvain	32 —	10e Bon Tir. Sén.	1918	21 février	Maroc (Beni-Oujjane).
AUDIN Louis-Antoine	25 —	146e R. I.	—	17 mars	Ambulance, près Verdun.
DESPLACES Philibert	32 —	418e R. I.	—	20 juin	Gouvieux (Oise).
CHABUET Claudius	43 —	65e R. I.	—	11 octobre	Vesoul (Hte-Saône).
BERNICHON Claudius	31 —	2e Zouaves.	—	27 novembre	St-Pern (Ille-et-Vilaine).
MOLINIER Flavien-Roger	46 —	158e R. I.	1919	19 janvier	Lyon.
CHOPIN Claudius, *disparu*	30 —	221e R. I.	1914	22 août	Ste-Marie-aux-Mines (Vosges)
CHOPIN Félix, *disparu*	23 —	42e R. I.	—	13 septembre	Bataille de la Marne.
ROCHE Antonin, *disparu*	30 —	221e R. I	1916	8 juillet	Batterie de Danloup.
CARREYVE Jean-François, *disparu*	31 —	217e R. I.	—	12 —	Bois de la Lauffée, Verdun.
SANTAILLER Jean-Marie, *disparu*	27 —	159e R. I.	—	4 septembre	Somme
ECHALLIER Benoît-Fernand, *disparu*	22 —	172e R. I.	1914	4 octobre	Bois d'Ally (Meuse).
DEPRÈLE Casimir-Victor, *disparu*	20 —	114e Bon Ch. Alp.	1915	22 juillet	Alsace.
BERTHILLIER Pierre-Marie, *disparu*	21 —	6e Bon Ch. Alp.	—	18 août	Montagne du Linge (Alsace).
TRICHARD Antoine-Joseph, *disparu*	24 —	44e R. I.	—	septembre	Champagne,

Bénédiction du monument élevé à nos soldats morts
pour la Patrie, 12 décembre 1915.

Sur le désir de Mme veuve Philippe Charvériat de
La Salle, un monument fut élevé à nos enfants de Marchampt, en vue de donner satisfaction aux familles si
cruellement éprouvées. A cette époque de l'année, Marchampt comptait seize héros morts pour la Patrie. Les
plaques de marbre des autres soldats tombés au Champ
d'honneur compléteront bientôt ce monument qui sera
tout à la fois un hommage rendu à la mémoire de nos
braves et un souvenir réconfortant pour les générations
futures.

Le 12 décembre 1915, avait lieu dans notre église
paroissiale, une cérémonie touchante à l'occasion
d'un monument érigé à la gloire de nos enfants tués
à l'ennemi.

A la place d'honneur se trouvaient MM. les membres
du Conseil municipal qui, tous, eurent à cœur de donner un témoignage de sympathie respectueuse aux familles frappées dans leurs plus légitimes espérances
et dans leurs affections les plus vives.

Les fidèles conscients d'un événement extraordinaire, assistèrent à la Grand'Messe solennelle. Toute
la jeunesse du pays, par sa tenue édifiante, manifesta
ses sentiments d'admiration profonde à l'égard de
leurs aînés, victimes glorieuses de leur amour pour
Dieu et la Patrie.

Après l'Evangile, au milieu d'une foule compacte,
recueillie et émotionnée, M. le Curé lut du haut de la
chaire le nom des seize héros, et prononça l'allocution
suivante :

« Nos soldats tombés glorieusement sur le champ de
bataille nous font entendre, en ce jour, des paroles de
courage et d'espérance.

« M. B. C. Fr.,

« Ce monument qui, désormais, sera vôtre, est dû à
la délicatesse et à la générosité de la famille Philippe
Charvériat de La Salle. En votre nom et en mon nom
personnel, je suis heureux de lui exprimer notre vive
gratitude. Mais quelles pensées a inspiré ce souvenir

consacré à tout jamais à votre affection ? C'est, d'une part, le courage dont nos vaillants ont fait preuve sur le front, mus par l'héroïsme de la B⁽ˢᵉ⁾ Jeanne d'Arc, et d'autre part, l'espérance de la victoire, fruit de leur mort pour la Patrie.

« Au XVᵉ siècle, il y avait grande pitié dans le royaume de France, envahi par les Anglais. Jeanne, l'humble bergère de Domrémy, sera la libératrice inspirée par des voix qui lui ordonnèrent d'aller en France, de faire lever le siège d'Orléans, sacrer le roi à Reims et bouter dehors les Anglais. Mais, répondit Jeanne, je ne suis qu'une pauvre fille qui ne sait pas chevaucher, ni mener la guerre; ce n'est pas mon fait. - Qu'importe ! répliquent les Voix; va, fille de Dieu; va, fille de l'Eglise, fille au grand cœur, va en France; il le faut !!....

« Fidèle à ses voix, Jeanne arrive à Chinon, le 6 mars 1429, reconnait le roi qui s'était déguisé, et lui révèle une prière qu'il avait faite en secret à son Dieu. Charles VII, reconnaissant l'envoyé de Dieu, met, à partir de ce moment, toute sa conduite et ses espérances entre les mains de la Pucelle. Elle est nommée par le Roi « chef de guerre. » Ceinte d'une épée qui lui venait du Ciel, tenant à la main un étendard sur lequel étaient écrits en lettres d'or les mots : « Jhésus, Maria ! », Jeanne sur son cheval de guerre « chevauche à ravir », d'après le duc d'Alençon et tous ceux qui l'ont vue, belle, forte, les cheveux noirs, la voix douce et pénétrante.

« Regardez, M. B. C. Fr., « la Fille de Dieu » va marcher et les miracles se hâtent d'éclore sous ses pas victorieux. Jeanne, par son prestige virginal, proscrit le blasphème à ses troupes formées de vieux brigands d'Armagnac, d'aventuriers d'Ecosse et de Gascogne. Elle met à l'ordre du jour ces paroles magnifiques : « Que personne ne soit assez hardi pour monter à l'as- « saut, s'il n'a d'abord fait la paix avec Dieu ! » Et l'on voit ces vieux soudards confesser leurs péchés et communier avec Jeanne à des autels dressés en face des Anglais. C'est là une transformation prodigieuse de toute une armée que seule la grâce peut expliquer.

« Mais voici un miracle plus étonnant encore : toutes les qualités militaires lui sont tout à coup, surnaturel-

lement, données; c'est l'habileté et la prévoyance d'un
capitaine exercé par une pratique de vingt-cinq ou trente
ans; — c'est la sûreté du coup d'œil de général habile
qui saisit le point faible de l'adversaire et lui porte des
coups décisifs et triomphants. Aussi, de l'aveu de généraux remarquables, tels que Davout, Canonge, Lemaître, qui ont écrit des volumes sur Jeanne d'Arc
« tacticienne et stratégiste », notre héroïne a mis quatre
mois pour bouter dehors les Anglais et leur faire perdre
ce qu'ils avaient mis dix ans à conquérir. Ainsi, grâce
à l'intervention divine, la France était sauvée par sa
Libératrice.

« Ah ! convenons tous, M. B. C. Fr., qu'il est difficile
de repousser l'envahisseur établi sur le sol de la Patrie.
En 1814 et 1815, le génie de Napoléon n'a pas pu sauver la France de l'invasion des alliés. En 1870-1871,
l'Empire et le Gouvernement de la Défense nationale
ont été tristement impuissants à repousser l'invasion
allemande. Et l'on ne trouverait pas extraordinaire
que la Pucelle ait fait plus que Napoléon et sa vieille
garde, plus que notre million d'hommes de 1870-
1871 !!! Car, si nous ne sommes par Anglais et protestants, si nous sommes catholiques et Français,
c'est à Jeanne d'Arc que nous le devons et à sa mission divine !

« De nos jours encore, grâce à la Bienheureuse, nos
soldats sont pleins de courage; et, avec ce courage puisé
dans le cœur de la Pucelle d'Orléans, la France ne saurait devenir « prussienne. » Telle est, M. B. C. Fr., la
raison d'être de cette statue de la B⁽ᵉ⁾ Jeanne d'Arc, glorifiant les braves qu'elle a donnés à la France pour la
défense de son territoire envahi et pour le maintien de
son titre de Fille aînée de l'Eglise.

« Mais comment les plaques commémoratives de nos
morts feront-elles naître en nos cœurs l'espérance dans
le succès final ?

« Avant la déclaration de la guerre, il y avait « grande
« pitié » en notre chère France envahie depuis longtemps
par l'athéisme et le matérialisme. Dès lors, pouvait-on
compter sur le patriotisme le plus pur, sur les dévouements les plus absolus, que dis-je, sur l'héroïsme de
tous, sans exception, tandis que l'ennemi barbare, après

avoir violé la neutralité de la Belgique, devait se ruer contre les Français avec une ténacité d'autant plus grande qu'il avait foi dans un succès rapide et complet. . Mais Dieu, entre les mains duquel sont les destinées de la France, seconde le courage de nos soldats par les sacrements qu'ils pourront recevoir des prêtres mobilisés ou des aumôniers militaires devenus leurs frères d'armes. Comme au temps de la Bᵉ Jeanne d'Arc, les soldats acceptent avec joie le prestige du prêtre ; ils se rappellent l'ordre du jour de la guerrière du xvᵉ siècle, faite « généralissime » par Charles VII : « Que « personne ne soit assez hardi pour monter à l'assaut, « s'il n'a d'abord fait sa paix avec Dieu ! » Ils confessent leurs péchés et communient avec les prêtres-soldats à des autels dressés dans les tranchées et dans les forêts en face des Allemands. C'est là une transformation prodigieuse de toute l'armée française que seules peuvent expliquer les vues de la Providence et la protection visible de la Bᵉ Jeanne d'Arc, plus puissante aujourd'hui dans le Ciel qu'autrefois sur la terre. Mais, M. B. C. Fr.,ceux que vous devez glorifier avec l'Eglise catholique se sont acquittés de leur devoir ; plusieurs le firent même avant de quitter leur foyer. Aussi avec quelle sérénité d'âme ont-ils revêtu le costume militaire ! Avec quel enthousiasme sont-ils allés au-devant de l'ennemi ! Semblables à des lions, ils se sont élancés dans la mêlée et ont contribué aux succès partiels du pays.

« Avec de tels fils de France ne devons-nous pas fonder les plus belles espérances sur le succès final ? A-t-on jamais vu, dans les siècles passés, des troupes aussi disciplinées, d'un moral aussi remarquable et d'un courage non moins extraordinaire, toujours prêtes aux sacrifices que réclament les efforts de l'ennemi le plus implacable ?

« L'espérance de la victoire, fruit de la mort de vos enfants : telle est la raison d'être de ces plaques commémoratives.

« Maintenant, M. B. C. Fr., vous comprenez les raisons qui ont inspiré ce monument consacré désormais à votre affection. Je me plais à le penser ; chaque fois que vous le visiterez, vous vous rappellerez cette parole

de la Pucelle d'Orléans : « En nom Dieu, les gens d'ar-
« mes batailleront et Dieu baillera la victoire! » Oui, Dieu
donnera la victoire, si vous lui restez fidèles par votre
vie chrétienne, par la fuite du péché mortel et par
l'acceptation des épreuves. Vous aurez la même docilité
à la volonté de Dieu que la B⁵ Jeanne d'Arc à ses Voix
qui ne l'ont jamais trompée et à Dieu Lui-même dans le
livre duquel elle lisait ses prophéties qui, toutes, se sont
parfaitement accomplies.

« Ah ! chers Parents, ne dites pas comme certains
« Nos enfants ne sont plus ! » Car, jamais ils n'ont été
plus présents à votre esprit et à votre cœur qu'aujourd'hui. Ce souvenir qui passera à la postérité redira
éloquemment les gestes et faits admirables de vos fils !

« Ils ne sont plus ! Mais leurs vertus, fruits de leur
éducation chrétienne et militaire, ne brillent-elles pas
du plus vif éclat aux yeux de la population tout entière ?

« Ils ne sont plus ! L'héroïsme qui fut leur partage
en face de la mort sur le front ou dans un hôpital n'est-
il pas un titre de gloire qui rejaillit sur vos familles
et un droit à l'admiration des générations présentes
et futures ?

« Ils ne sont plus ! mais ceux que vous avez tant
aimés ici-bas ne sont-ils pas et ne seront-ils pas l'objet
de votre affection jusqu'à votre dernier soupir ? Ah !
Parents chrétiens, pour parler le langage des Saintes
Écritures : « Leurs œuvres survivront par-delà le tom-
« beau et les accompagneront dans leur éternité ! » Citoyens français et chrétiens vaillants, en mourant, ils
ont offert leur vie pour Dieu et la Patrie. Quelle pensée
consolante pour vos âmes angoissées !!!... A l'exemple
du saint homme Job, ne sondez pas les desseins de Dieu
qui sont impénétrables ; mais, marchez toujours dans le
chemin du devoir. Vous retrouverez dans la céleste patrie ceux que le courage et la mort sur le champ de bataille ont rendu illustres à tout jamais. C'est la grâce
que je vous souhaite. Ainsi soit-il ! »

A l'issue de la Grand'Messe, M. le Curé revêtu de
l'étole et de la chape, précédé des enfants de la paroisse, se rendit processionnellement au monument remarquable par la richesse et le bon goût, tandis que

les chanteuses et les chantres exécutaient une hymne en l'honneur de la B⁹⁸ Jeanne d'Arc et imploraient sa protection en faveur du succès des Alliés. Après la bénédiction solennelle du « souvenir », M. le Curé termina l'Office par le chant du *De profundis*.

La foule se retira réconfortée par cette imposante cérémonie.

M. le Comte Augustin Antonelli.

Le 11 juillet 1916, à 9 heures, avait lieu dans l'église de Marchampt, un service très solennel pour le repos de l'âme de M. le comte Antonelli, décédé le 9 juin, à Rome. La commune gardera à jamais le souvenir de ce bienfaiteur insigne. En 1889, il dota le bourg d'une riche fontaine toute en marbre et expédiée directement de Rome. Quel avantage inappréciable il procura ainsi aux habitants dispensés dès lors d'aller chercher de l'eau vers l'Ayc et quelle décoration artistique pour notre modeste place !!! saint-Jean-Baptiste, placé au-dessus de la fontaine, est de grandeur naturelle. Patron de la paroisse, il semble dire à tous qu'il y a une eau non moins salutaire à l'âme et qui s'appelle « la grâce divine » dont l'eau est un symbole et qui s'obtient par la prière et les sacrements.

Que dirons-nous des largesses faites à notre église paroissiale ? M. le Comte fut parrain et sa digne épouse Marie-Emma Antonelli, marraine de la grosse cloche de 600 kilogr. Grâce aux familles Antonelli, Charvériat et Durnerin, la paroisse eut ses trois cloches qui permirent et permettent, aux jours de grandes solennités, de rivaliser avec nos églises de ville.

Que d'objets, tels que : calice, ornements sacrés, vitraux, etc., furent donnés moins pour rappeler, ce semble, la mémoire d'un homme de bien que pour provoquer notre reconnaissance. Mais l'aménité de son caractère, le souci des intérêts même matériels qu'il eut pour Marchampt, son remarquable esprit de foi qui lui dictait tant d'œuvres charitables toujours accomplies avec une si grande modestie sont comme autant de titres qui nous le rendront vivant au milieu de nous.

Erection d'un Chemin de Croix.

Ce fut une joie, pour notre cœur de Pasteur, de recevoir, de Mme la comtesse Antonelli, une certaine somme destinée à l'acquisition d'un objet religieux,en souvenir de son mari. En vue de perpétuer la mémoire de M. le Comte et de faire prier pour ce remarquable bienfaiteur, nous n'hésitâmes pas dans le choix d'un Chemin de Croix, dont les stations artistiques et de bon goût devaient admirablement décorer notre église.

Le 17 décembre 1916,à 2 h. 1/2,la cérémonie eut lieu solennellement au milieu d'un concours empressé de catholiques. Tous se réjouirent de la présence d'un ancien vicaire, M. l'abbé Poy, dont la parole éloquente produisit dans les cœurs les effets les plus salutaires. La bénédiction du Très Saint Sacrement donnée par M. le Prédicateur termina l'office dont on gardera longtemps le souvenir le plus réconfortant, vu les épreuves de l'heure présente.

Mme veuve Philippe Charvériat

de La Salle.

Le 18 juillet 1917, la mort venait à l'improviste ravir à l'affection des siens et des paroissiens de Marchampt, Mme veuve Philippe Charvériat, née Anne-Marie Robas, âgée de 77 ans. Ce fut une bienfaitrice insigne dont les œuvres caractéristiques par une grande modestie n'avaient que plus de valeur aux yeux de Dieu. Sans parler des familles éprouvées dont elle était une providence, elle avait à cœur l'embellissement de l'église où elle se plaisait tant à prier ; et, plus encore, la formation religieuse des jeunes filles de la paroisse. Dans ce but, elle pourvoyait elle-même à l'entretien des Religieuses pour assurer le bon fonctionnement du patronage et de l'ouvroir. Assurément une telle vie remplie de mérites a rendu cette âme agréable à Dieu. La population reconnaissante a, dans le plus profond recueillement, assisté au service solennel célébré pour le repos de son âme, le 2 du mois d'août.

Nouvelle bannière processionnelle.

Dans le courant de l'année 1918, la paroisse eut a déplorer la perte d'une personne très distinguée par sa modestie, son jugement et son bon cœur.

Modeste, elle ne voulut pas faire connaître ses largesses. Judicieuse, elle se rendit compte que l'ancienne bannière portée depuis si longtemps par le bon et dévoué Claude Grosselin, des Chapuis, était tout à fait détériorée et hors d'usage. Généreuse, elle offrit spontanément la nouvelle bannière remarquable par les fines broderies des personnages : Notre-Dame Auxiliatrice et saint Jean-Baptiste.

Le 3 mai, M. le Curé voulut bien la bénir, après avoir prononcé une courte et vibrante allocution.

Qu'il est regrettable que, de nos jours, les hommes, victimes de plus en plus du respect humain, n'assistent presque plus à nos belles processions traditionnelles ! Souhaitons vivement un revirement dans les esprits et désirons ardemment qu'à l'avenir, les fidèles plus conscients de leurs intérêts, même temporels, viennent se grouper autour de leur belle bannière et prier Dieu de leur prodiguer ses bienfaits.

Mlle Mathilde Durnerin.

Il est des âmes délicates qui font le bien sans bruit. La parole de « de Maistre » se vérifia à la lettre dans la personne très regrettée de Mlle Mathilde Durnerin, qui s'intéressa toujours aux habitants de Marchampt.

Pour les rendre heureux au point de vue spirituel, elle fonda, d'accord avec sa vénérable mère, une mission décennale.

Pour soustraire les jeunes filles au fléau terrible des mauvaises lectures, elle s'occupa activement de la bibliothèque paroissiale, et, pour empêcher leur émigration vers les villes, elle s'entendit avec une maison de Paris qui devait leur assurer du travail et en faire d'habiles brodeuses.

Que dire de cette œuvre modeste, mais fort appréciée des parents ? L'œuvre de la Garderie permet aux mères de vaquer à leurs occupations journalières, tandis que leurs petits enfants confiés aux soins vigilants et dévoués de la bonne sœur Chevroton se trouvent dans les meilleures conditions relatives à leur sécurité et à leur éducation chrétienne.

Durant la guerre, Mlle Mathilde Durnerin, en vue de se rendre utile, ne craignît pas, malgré son âge et ses infirmités, de se faire infirmière de la Croix-Rouge et d'exercer son apostolat auprès des chers soldats blessés.

Au service solennel célébré le 15 janvier 1919, de nombreuses familles prièrent pour le repos de cette âme d'élite, en reconnaissance de ses bienfaits.

Prisonniers de guerre.

Avant de reproduire les citations glorieuses de nos soldats de Marchampt, il me paraît utile de rappeler la date de l'armistice : 11 novembre 1918. Cette suspension d'armes qui était le prélude de la paix signée le 28 juin 1919 fut un soulagement général chez les peuples alliés. Le « Te Deum » chanté dans toutes les églises fut l'expression de la reconnaissance la plus vive. A partir de ce jour, les familles n'eurent plus à craindre la perte d'un de leurs membres. Les *prisonniers* eurent la certitude du rapatriement. Aussi, quelle ne fut pas leur joie quand, de retour en France, ils se présentèrent à leurs parents et amis !!!... Ils étaient aussi heureux de remercier les Membres de la Ligue des Femmes françaises dans une visite qu'ils firent à la Présidente. Ils avaient trouvé un adoucissement à leur captivité par la réception des paquets et des lettres provenant soit du Pasteur de la paroisse, soit de Mlle Marie Durand, écrivant au nom des Dames Dizainières. Les réponses de nos chers prisonniers furent un témoignage éloquent de leur reconnaissance et de leur affection.

Noms des Prisonniers.

Voici leur nom par lettre alphabétique :

MM. Chabuet, de Parange.
      Chemarin Jean, du Rebois.
      Crozier Pierre, du Bourg.

Deprèle Emile, du Pied-du-Bois.
Deprèle Joannès, du Pied-du-Bois.
Dutraive Louis, du Bourg.
Fréty, du Car-de-Sagnié.
Gauthier Jules, de Chambernard.
Labrosse, des Ecoles.
Léos, du Cerroir.
Murard Claude, de Sous-le-Bois.
Perras Jean-Baptiste, de Sous-le-Bois.
Perraud, du Bourg-de-Sagnié. '
Soitel Mathieu, de Vers-l'Aye.

Le premier jour de l'année 1919, M. le Curé offrit le Saint Sacrifice de la Messe à l'intention des Prisonniers libérés. Ils ne furent pas oubliés dans les vœux ardents et sincères qu'il adressa à tous ses paroissiens.

Fête de la Victoire (14 juillet 1919).

Après la préparation longue et laborieuse des clauses du traité, la paix, honorable pour les vainqueurs, fut signée au château de Versailles, le 28 juin. Il fut décidé peu après que le 14 juillet serait « la fête de la Victoire ». Elle fut l'apogée des fêtes qui n'ont pas discontinué depuis la capitulation et la signature de l'armistice.

Nul de nous n'ignore ce que furent, le 14 juillet, les fêtes de la Victoire. Dans un ciel limpide, sans nuages, beau comme celui d'Austerlitz et de la Marne, vraiment le jour de gloire s'était levé. Ce furent des heures inoubliables. L'âme de la France vibra dans ses drapeaux sur la voie triomphale. Nos alliés, nos poilus, nos marins furent acclamés et couverts de fleurs. Toutefois, Paris avait tenu à préluder à cette journée inoubliable par l'hommage de son admiration et de sa reconnaissance envers les 1.500.000 qui, par leur dévouement et par le sacrifice de leur vie, ont donné à la Patrie la gloire qu'eux-mêmes n'auront pas vue se lever.

Hommage aux Morts.

Le dimanche 13 juillet, à 11 h. 1/4, l'Union des pères et des mères dont les enfants sont morts pour la

Patrie, faisait célébrer, à Notre-Dame, un service solennel pour le repos de l'âme des soldats morts au service de la France. Une foule immense remplissait la vaste basilique : autour du maréchal Foch avaient pris place de nombreux généraux parmi lesquels le général de Castelnau et le général Weygand, le représentant du Président de la République.

Le soir, à 9 heures, commençait la veillée funèbre près du cénotaphe dressé sous le grandiose Arc de Triomphe de l'Etoile. Après les personnages officiels, tels que M. Clemenceau, les Membres du Conseil municipal, des centaines et des centaines de milliers de personnes sont venues, dans un ordre parfait, déposer, sur le monument, la palme du souvenir et s'incliner devant les héros disparus.

Messe du Souvenir (27 juillet 1919).

Le 27 juillet, à 9 heures, à Marchampt, eut lieu la Messe du Souvenir pour le repos de l'âme de ses enfants tombés au Champ d'honneur.

Après l'Evangile, M. le Curé lut le nom de nos héros et répondit aux désirs de toute la population par l'allocution suivante :

« Il m'est agréable d'adresser mes sentiments de vive gratitude à MM. les membres du Conseil municipal et à mes chers fidèles, venus en si grand nombre à cette cérémonie pour rendre hommage à nos vaillants soldats de Marchampt tombés au Champ d'honneur pour la défense de la Patrie opprimée par un injuste agresseur et pour le maintien de la civilisation européenne.

« Il me paraît utile, M. B. C. Fr., de vous rappeler brièvement ce qu'ils ont fait pour nous et ce que nous devons faire pour eux. Ces deux pensées feront le partage de cet entretien.

« Ce qu'ils ont fait pour nous dépasse tout ce que nous pouvons supposer de vaillance chrétienne, d'abnégation de leur personne, d'amour pour leur Patrie et d'héroïsme en face de l'ennemi.

« Ils furent les véritables artisans de la victoire et, à ce titre, ils ne seront pas oubliés dans cette journée à jamais mémorable.

« Ils savaient ce qu'ils défendaient. Ils avaient un

idéal et ils se sont montrés à la hauteur de cet idéal pour lequel ils n'ont pas craint de sacrifier leurs affections les plus légitimes pour devenir des hommes de discipline et de devoir.

« L'éducation chrétienne reçue au pays fut un noble stimulant dans le support des privations de tous genres acceptées en esprit de foi. Les succès qu'ils remportèrent furent un encouragement puissant dans le soutien d'une lutte implacable.

« Frappés à mort, ils se montrèrent les dignes fils de la nation française qui est synonyme de fierté et de vaillance dans la défense du sol sacré. Aussi notre hommage fait d'admiration s'adresse-t-il à ces héros qui se sont pour toujours immortalisés par leurs exploits et par leur mort illustre.

« Mais leur gloire, M. B. C. Fr., quelque grande qu'elle soit à nos yeux, serait bien éphémère, si notre reconnaissance et l'imitation de leurs vertus n'étaient le témoignage le plus expressif de notre admiration.

« La reconnaissance s'impose à nous tous chrétiens, vu notre croyance à l'immortalité de l'âme et à la résurrection des corps à la fin du monde.

« Nos soldats, soumis aux dogmes de l'église catholique ont, plus d'une fois, pensé comme le saint homme Job et ont été consolés dans leurs épreuves par l'espérance de la résurrection.

« Je sais, disait cet homme juste, que mon Rédemp-
« teur est vivant et que je ressusciterai au dernier jour;
« que je serai de nouveau revêtu de mon corps, que je
« verrai mon Dieu dans ma propre chair et que je le
« contemplerai de mes propres yeux. Cette espérance
« repose au fond de mon cœur. » (*Job*, XIX, 25 et seq.)

« Mais, afin de hâter l'entrée de ces âmes dans le ciel et en vue de leur procurer un soulagement spirituel, l'Église nous offre le Saint Sacrifice de la Messe qui est la prière la plus excellente en même temps que l'acte le plus salutaire de notre reconnaissance à leur égard.

« Il est écrit, dans nos saints Livres, que Judas Machabée, se trouvant sur un champ de bataille, pour ensevelir les morts, envoya à Jérusalem le produit d'une quête, afin qu'on offrît un sacrifice pour le repos de leur âme. Or, Judas eut regardé comme une chose vaine et superflue de prier pour les morts, s'il n'avait pas espéré que ceux qui avaient été tués ressusciteraient un jour. Ainsi il considérait qu'une grande miséricorde était réservée à ceux qui étaient morts dans la piété. C'est donc une sainte et salutaire pensée de prier pour les morts et, aujourd'hui spécialement, pour nos chers Glorieux (*Libr. Mach.* II, c. XII, v. 43 et seq.)

« A la reconnaissance nous devons joindre l'imitation de leurs vertus.

« A leur exemple, nous devons comprendre que la vie présente est un pèlerinage et le prélude d'une autre vie qui ne finira jamais, et que la mort nous fait entrer dans cette vie éternelle et éternellement heureuse ou malheureuse, selon notre fidélité ou infidélité à la loi de Dieu.

« A leur exemple, nous devons nous rappeler sans cesse que la pensée de notre résurrection future doit être pour nous une source de lumière contre les illusions de l'esprit et les fausses impressions des sens, une source de sainteté contre les désordres des passions du cœur et une source de force contre les tentations auxquelles nous sommes exposés.

« Telle doit être notre conduite, M. B. C. Fr., à l'égard de nos chers disparus. Mais, comme le fait remarquer l'apôtre saint Paul (I *Thess.* IV, 13) : « Ne « nous affligeons pas comme les infidèles qui n'ont pas « d'espérance. Car, si nous savons que Jésus-Christ « est mort et ressuscité, nous devons croire que Dieu « amènera avec Jésus ceux qui se seront endormis en « Lui par une mort sainte et précieuse à ses yeux. »

« Quelle consolation pour nous aussi, à notre dernier soupir, de dire avec le patriarche Jacob : « O mon Dieu! « J'attends avec confiance le salut que vous m'avez « promis et dont vous êtes la source!» (*Gen.* XLIX, 19).

« Oh! alors nous retrouverons dans la céleste Patrie ceux qui furent nôtres et qui nous étaient unis par le lien du sang ou de l'amitié. C'est la grâce que je vous souhaite. Ainsi soit-il ! »

L'absoute donnée à la fin de la Grand'Messe termina la cérémonie à la fois imposante et réconfortante.

Citations des Glorieux de Marchampt

Morts et Vivants

1° M. Joseph Chavvériat de La Salle, capitaine au 108° territorial d'infanterie, a été cité à l'ordre du régiment, le 24 août 1915 : « A pris volontairement le commandement d'une compagnie autre que la sienne; a fait preuve de courage et d'abnégation en toutes circonstances, notamment au cours d'un bombardement intense de cinq jours. Renversé deux fois dans les tranchées, par les obus, n'a consenti bien que malade depuis longtemps, à se faire évacuer que sur l'ordre de son chef de bataillon. »

2° M. Durnerin Jacques-Paul-Eugène, lieutenant, fut, le 2 mai 1918, cité à l'ordre du régiment : « Venu au front sur sa demande, a dirigé du 31 mars au 7 avril 1918, le service des liaisons de l'artillerie lourde du 36° corps dans des circonstances périlleuses et difficiles. »

3° † Audin Louis, du Château-Rouge, soldat de première classe, du 146° R. I., a été cité à l'ordre de la 39° division par le général Massenet, le 24 mars 1918: « Soldat discipliné, très brave au feu, au front depuis le début de la campagne, très grièvement blessé à son poste de combat. ».

Par décision en date du 3 mai 1917, le Général commandant en chef les armées du Nord et du Nord-Est, a conféré la Fourragère au 146° R. I., pour les deux citations obtenues par ce régiment à l'ordre de l'Armée (*Journal officiel* du 9 mai 1917).

Première citation (ordre de la deuxième armée, n° 33 du 10 mars 1916) : « Arrivant à la rescousse sur un terrain nouveau, dans une situation très confuse, s'est immédiatement lancé à l'attaque sous la conduite de son chef, le lieutenant-colonel Jeaupierre et, par cette offensive hardie, a arrêté net les progrès de l'ennemi, l'a fixé et, pendant quatorze jours, jusqu'à ce qu'il ait été relevé, a résisté à toutes les attaques, sans perdre un pouce de terrain et malgré le plus violent des bombardements. »

Deuxième citation (Décision du Général commandant en chef, du 3 mai 1917) : « S'est déjà distingué dans la Somme où, engagé en pleine bataille du 1er au 10 juillet 1916, il a brillamment enlevé le bois Favière, le 1er juillet ; le village d'Hardecourt, le 8 juillet, et repoussé toutes les contre-attaques, capturant 400 prisonniers et 10 mitrailleuses. Vient à nouveau, sous le commandement du lieutenant-colonel De la Rupelle, de s'affirmer *régiment d'élite* en s'emparant de haute lutte, le 16 avril 1917, d'un village solidement organisé en enlevant à l'ennemi 2 canons, des mitrailleuses et de nombreux prisonniers. »

4° CARREYVE Jean-Benoît, du Bourg, soldat au 9° régiment d'artillerie, secondé par son camarade Léon Lamard : « A fait preuve de beaucoup de courage en allant chercher de sa propre initiative et sous un violent bombardement, un médecin-major, afin de procurer à trois hommes blessés les soins réclamés par leur état. »

5° CARREYVE Jean-Claude, du Bourg, au 5° régiment d'infanterie coloniale : « Très bon soldat, a été blessé le 19 septembre 1914, au cours d'une reconnaissance pour laquelle il était volontaire. A subi l'amputation de trois doigts de la main gauche. »

6° CARREYVE Jean-Marie, des Jogues, sergent-major : « Sous-officier très méritant et très dévoué, chargé au cours des combats livrés par le bataillon du 28 septembre au 5 octobre 1918 au nord de Somme-Py ; et du 21 au 28 octobre 1918 en avant de Béthancourt, du ravitaillement en vivres du bataillon, s'est acquitté de sa mission avec beaucoup de zèle et de courage. » En campagne, le 11 novembre 1918.

7° † Charvériat Jean, soldat au 133ᵉ d'infanterie, a été cité à l'ordre du régiment, le 6 uin 1915 : « A fait preuve, au cours de toute la campagne, de la plus grande énergie et d'un courage à toute épreuve. »

A été cité à l'ordre de la brigade : « A fait preuve de courage en maintes circonstances depuis le début de la campagne. S'est fait remarquer par sa bravoure à l'assaut du 30 juillet. Tombé en arrivant sur la position ennemie. »

8° † M. l'Abbé Marc Charvériat, sous-diacre, élève au Séminaire de Saint-Sulpice, fut cité à l'ordre du régiment : « Le soldat Charvériat, malgré son état maladif, est parti du dépôt comme volontaire. Très belle attitude au feu; très brave; abandon complet de soi-même; excellent soldat, très discipliné. Très bon camarade. »

9° Chopin Louis, autrefois de Vers-l'Aye, maintenant domicilié à Odenas, a été cité le 30 juin 1915, par le général Varin, commandant lé Groupement Ouest du D. A. L.: « Belle attitude au feu. Blessé par schrapnell, a conservé son poste et n'a consenti à se laisser évacuer qu'au retour au bivouac et sur l'ordre de ses chefs. »

Le colonel Prudhomme, commandant la 142ᵉ brigade d'infanterie, cita, le 21 juillet 1916, à l'ordre de la brigade le soldat Louis Chopin, du 221ᵉ régiment d'infanterie : « Très bon soldat énergique, brave au feu, endurant; a été blessé très grièvement à la jambe par un éclat d'obus. Avait déjà été blessé le 25 juin 1915 par un schrapnell. »

10° † Claitte Philibert, du Bourg-de-Sagnié, caporal, fut cité à l'ordre de la division, par le général Pauffin de Saint-Morel, commandant la 26ᵉ D. I., en date du 26 juin 1917 : « Excellent caporal, a été tué au cours d'un violent bombardement par torpilles, pendant qu'il maintenait ses hommes dans le calme en leur donnant l'exemple du mépris du danger. »

11° Condemine Antoine, de Laval, du 7ᵉ bataillon, fut cité le 1ᵉʳ octobre 1916, à l'ordre de la division pour le motif suivant : « Chasseur d'un entrain remarquable, agent de liaison le 24 août 1916, a porté des ordres par trois fois sous un violent bombardement; blessé très grièvement en accomplissant sa mission. »

12° † DUFOUR Claude, des Bruyères, fut cité à l'ordre du régiment par le lieutenant-colonel Pierlot, commandant le 75° d'infanterie, en date du 23 août 1916 : « Très bon soldat, plein de courage et d'entrain, a été tué au cours d'un bombardement, le 6 août, à Verdun, au N.-E. du fort de Souville. »

13° † DULAC Benoît, caporal, du Car-de-Sagnié, fut cité à l'ordre du jour par le général Jacquemot, commandant la 57° division : « Gradé courageux. Tombé mortellement frappé à l'assaut de la position ennemie. »
Aux Armées, le 11 juin 1917.

14° DULAC Claude, des Chopins, sergent au 3° bataillon territorial de chasseurs à pied, a été cité à l'ordre de la brigade, le 17 mai 1915 : « Pour avoir montré un courage et un sang-froid remarquables pendant un bombardement dans lequel la fraction à laquelle il appartenait a eu 9 tués et 11 blessés, a aidé à transporter les blessés sur des fusils au poste de secours, et, bien que ce transport ait duré près de trois heures, a aidé, à son retour, à l'inhumation de ses camarades tués. »

15° DUTRAIVE Louis, du Bourg, soldat au 133° R. I., fut cité à l'ordre du régiment en date du 13 avril 1916 : «S'est spontanément proposé pour prendre part, le 14 mars 1916, à l'exécution d'un coup de main contre un petit poste ennemi, dont tous les occupants (un sous-officier et 15 hommes) ont été faits prisonniers.»

16° † ECHALLIER Jean-Benoît, des Farjus, fut, le 7 août, cité à l'ordre de la division : « Passé sur sa demande aux chasseurs. Volontaire pour toutes les missions périlleuses. Chargé de reconnaître une tranchée allemande, est glorieusement tombé dans les réseaux de fil de fer ennemis. »

17° † FOURNIER Jean-Sylvain, des Palais, fut cité à l'ordre de la Brigade de l'Indochine, le 26 juin 1909 :

« A fait preuve de beaucoup de courage et de sang-
froid au combat de Luong-Phong, en date du 23 avril
1909. »

Le 13 avril 1918, notre caporal-clairon fut cité à
l'ordre de l'armée par le général Lyautey : « Le
21 février 1918, au cours des opérations contre les
Beni Oujjane, a été atteint mortellement en remplis-
sant, sur la ligne de feu, avec beaucoup de cran, les
fonctions d'agent de liaison. »

18° † GROBOST Joanny. Du G. Q. G., en date du 24 août
1917, il était libellé ce qui suit : « La médaille militaire a été conférée au premier sapeur-mineur territorial Grobost Joanny, de la compagnie 28/51, du
28° bataillon du Génie : Excellent sapeur, qui a toujours fait preuve, en toutes circonstances, de courage
et de dévouement. A été grièvement blessé le 9 août
1917 en faisant son devoir. » La présente nomination
comporte l'attribution de la croix de guerre avec
palme. Signé : DEBENEY.

19° † GUICHERET Antoine-Philippe, des Vignes, a été le
23 août 1917, cité à l'ordre de la brigade, par le
colonel Ducarre, commandant le 23° colonial : « Guicheret Antoine, le premier tireur de fusil-mitrailleur
venant d'être tué par un obus, a pris sa place et a été
mortellement blessé. »

20° GUICHERET Claudius, du Bourg, de l'Armée d'Orient,
a été cité à l'ordre de la division, en date du 3 janvier 1916. Cette citation se rapporte au 372° régiment
d'infanterie, commandé par le colonel Thomassin.
« Pour le stoïcisme avec lequel, au cours de leur occupation du sommet de la montagne Kara-Hodzali,
ils se sont maintenus sur cette position essentielle,
pendant un mois, sous un bombardement continuel,
supportant sans une plainte, les rigueurs extraordi-
naires d'une température descendue pendant plusieurs nuits à 15° - 18° et jusqu'à 22°, rigueurs ren-
dues encore plus atroces par les rafales d'un vent
glacial et les tourbillons de neige qui aveuglaient les
hommes et les couvraient en quelques instants d'un
manteau de glace, et qui remplissaient les tranchées

qu'il fallait déblayer aussitôt en pleine nuit sous peine d'y être ensevelis; ensuite pour le dévouement et l'énergie qu'ils ont montrés lorsque l'ordre d'évacuation leur a été donné, en descendant à bras d'hommes, par les sentiers escarpés que la nuit, la neige et le verglas rendaient impraticables aux mulets, tout le matériel accumulé sur cette montagne pendant une longue occupation, et dont ils n'ont absolument rien laissé à l'ennemi.

« Ils ont fait preuve ainsi du plus grand courage que puisse montrer un soldat après celui du combat : le courage contre les fatigues et les souffrances. » Le Général commandant la 57ᵉ division, signé : LE-BLOIS.

21° † LAMERE François, des Jogues, fut, le 12 janvier 1917, cité à l'ordre du Bataillon : « Chasseur d'un courage exemplaire. Blessé grièvement le 24 août 1916, n'a pas cessé d'encourager ses camarades. Mort des suites de ses blessures. »

22° † LAPIERRE Jean, gendre de Botton, de Carraive, a été le 5 novembre 1917, cité à l'ordre du Génie de la 38ᵉ division d'infanterie par le chef de bataillon Martin : « Conducteur courageux et dévoué, a été grièvement blessé en effectuant des transports de matériel du Génie à l'avant dans une région très bombardée.»

23° LARGE Philibert, soldat à la 22ᵉ compagnie du 371ᵉ R. I., a reçu en outre de la croix de guerre, la médaille militaire. « Très brave et très courageux au feu. Toujours prêt à s'offrir volontairement pour exécuter les missions les plus délicates. Blessé une première fois, le 8 janvier 1915. A demandé à revenir au front aussitôt guéri. Blessé à nouveau à l'attaque le 12 mai 1915. Amputé de trois doigts de la main gauche. » Signé : J. JOFFRE.

24° MÉRA Joannès, du Bourg, appartenant au 49ᵉ régiment territorial d'infanterie et à la 11ᵉ compagnie, a été cité au rapport du 28 janvier 1916 : « En attendant les propositions pour les citations à l'ordre, le Colonel félicite les gradés et soldats du régiment pour leur belle conduite, lors des récents bombardements.

Ces félicitations s'adressent particulièrement aux 1re, 4e et 11e compagnies, aux bombardiers et mitrailleurs qui ont eu leur pièce bombardée par les obus. »

25° PERRAS Claude, de Sous-le-Bois, deuxième canonnier-servant appartenant au 47e d'artillerie, a pris part aux combats qui ont valu au régiment les 1re, 2e et 3e citations suivantes :

1° Ordre général de la 4e armée du 28 janvier 1916 : « Sous les ordres du colonel Lucotte, a puissamment facilité la progression de la 14e division d'infanterie, dans l'offensive de septembre. A toujours suivi de très près le mouvement en avant de l'infanterie ; même sous le feu le plus violent lui a permis, par son aide constante, de progresser de 4 kilom., de s'avancer jusu'au contact de la deuxième position allemande ; de prendre pied dans une partie de cette position et de maintenir intégralement le terrain conquis, malgré de violentes contre-attaques de l'ennemi. » Signé : GOURAUD.

2° Ordre général de la 5e armée, du 31 juillet 1917 : « Régiment de premier ordre, toujours sur la brèche. A montré en toutes circonstances ses belles qualités d'audace et d'énergie, conservant, malgré des fatigues extrêmes et des pertes sévères, toute sa valeur technique, tout son allant, toute sa souplesse. Hautement pénétré du souci d'appuyer toujours au plus près son Infanterie, lui a permis de barrer la route à l'ennemi en février 1916, de le refouler sur la Somme, en septembre, au-delà de Bouchavesnes. Enfin, en Champagne, le 16 avril 1917, sous le commandement du lieutenant-colonel Roussel, a ouvert le chemin à la division par des feux puissants et précis dans une progression de 3 kilom. jusqu'à Bermericourt. » Signé : MICHELER.

3° Ordre général de la Ve armée, du 12 octobre 1918 : « Régiment d'artillerie d'élite, animé de l'esprit le plus mordant. Pendant la période du 16 juillet au 4 août 1918, en Champagne, a fait preuve, sous le vigoureux commandement de son chef, le colonel Lips, d'une superbe tenue au feu, de l'endurance la plus tenace et des plus belles qualités manœuvrières.

A puissamment contribué, par sa parfaite et intime union avec l'infanterie, ses occupations de position rapides, ses tirs précis et efficaces et ses changements de position très vivement et très opportunément exécutés, aux opérations qui ont arrêté l'ennemi dans sa marche sur Epernay, et l'ont refoulé au nord de la Vesle. » Signé : GUILLAUMAT.

NOTA. — Le général Pétain, commandant en chef les Armées du N. et du N.-E. a donné droit au 47ᵉ régiment d'artillerie de campagne, au port de la Fourragère aux couleurs du ruban de la Médaille Militaire.

26° PETIT Henri, des Jogues, du 2ᵉ groupe d'artillerie d'Afrique, fut cité de la manière suivante : « Excellent conducteur au front depuis le début, a participé à tous les ravitaillements en munitions et a toujours donné le plus bel exemple de calme et de courage. »

27° RATIGNIER Claude, du 30ᵉ bataillon de chasseurs, a été cité à l'ordre de la brigade par le colonel Brissaud-Desmaillet, commandant la 3ᵉ brigade de chasseurs, avec plusieurs de ses camarades, en date du 23 septembre 1915 : « Ont fait preuve d'un dévouement inlassable dans le service de liaison qui leur était confié. Ont toujours été volontaires pour les missions les plus périlleuses. »

« A pris part, du 20 juillet au 5 août 1915, aux combats à la suite desquels le bataillon a obtenu la citation suivante à l'ordre de l'Armée :

« Ordre n° 56, du 4 septembre 1915. Le 30ᵉ bataillon de chasseurs, sous le commandement du chef de bataillon Bouquet, s'est affirmé une fois de plus comme une troupe d'élite dans une région montagneuse très difficile; a enlevé, sous le feu de l'infanterie et de l'artillerie ennemies d'une violence extrême et après plusieurs vigoureux assauts sous bois, une position organisée de longue date par l'ennemi; s'y est maintenu malgré des attaques réitérées de troupes fraîches précédées par des bombardements d'artillerie lourde d'une intensité peu commune; a infligé de lourdes pertes à l'ennemi. »

28° ROCHE François, des Palais et LAMURE Joanny, du Bourg, faisaient tous deux partie de la division de l'armée française qui, la première, mérita l'honneur d'être cité à l'ordre : « Sous les ordres de son chef. le colonel Bouffez, s'est emparée, malgré de lourdes pertes, des trois lignes de tranchées de la première position ennemie. Poursuivant son effort, a atteint la deuxième position allemande, devant laquelle son chef a trouvé une mort glorieuse. A résisté ensuite, quatre jours entiers, à d'incessantes attaques et n'a pas cédé un pouce de terrain conquis. »

29° ROCHE Jean, du 2ᵉ régiment de chasseurs, a été cité au rapport comme tous ses camarades, le 2 décembre 1915 : « Le 2ᵉ régiment de chasseurs, commandé par le colonel Durand, ayant reçu l'ordre de suivre au plus près les attaques de l'infanterie sur l'Epine de Védegrange, le 25 septembre 1915, a exécuté cet ordre avec une magnifique audace, menant la charge, quelques minutes seulement après le départ des vagues d'assaut, jusqu'aux fils de fer de la positon ennemie, malgré un tir violent de l'artillerie ennemie, a suivi pas à pas pendant cinq jours l'infanterie dans la bataille, mettant en œuvre tous ses moyens pour coopérer à l'action. »

30° ROCHE Joannès, des Palais, du 14ᵉ bataillon de chasseurs alpins, a été cité le 17 juin 1915, à l'ordre du bataillon comme il suit : « Faisant partie d'une section placée en réserve, s'est porté avec plusieurs camarades au secours de son lieutenant qui venait d'être grièvement blessé, sur un terrain très dangereux, à 250 mètres de l'ennemi et l'a ramené au poste de secours. »

31° ROCHE Joseph, du Château. a été cité à l'ordre du 2ᵉ corps d'armée colonial : Brave et bon soldat. Blessé grièvement en se portant à l'assaut des tranchées allemandes, le 14 juillet 1915. Résection de l'épaule droite. » Le général BLONDAT. — Au Q. G.. le 8 octobre 1916.

32° SABY Claude, de La Salle, brigadier. a été cité à l'ordre, le 16 mai 1916, par le chef d'escadron Stei-

ner, commandant l'artillerie du secteur Nord :
« Gradé intelligent et zélé, a fait preuve au cours
d'un bombardement meurtrier, d'un courage calme
et froid, soutenant le moral des travailleurs qu'il
dirigeait, secourant un de ses hommes grièvement
blessé, auquel il donna les premiers soins. »

Fut mentionné avec le lieutenant-colonel Pételin,
le capitaine Dufour, etc., par le Général Demange,
en date du 23 septembre 1916 : « Le tir exécuté le
29 août dernier par l'artillerie du secteur Nord, sur
le parc allemand de Niedersmerschwiller, a donné
de remarquables résultats qui doivent être attribués
aux brillantes qualités déployées par le personnel
qui y a participé.

« J'ai l'honneur de vous prier de vouloir bien
transmettre mes félicitations personnelles à chacun
des officiers et hommes de troupe désignés ci-après
(10, au nombre desquels se trouve le brigadier Saby,
de la 3ᵉ batterie du 9ᵉ R. A. P.) qui, à cette occasion, se sont plus particulièrement distingués par
l'habileté de leurs dispositions et leurs connaissan-
ces techniques, leur zèle intelligent, ainsi que pour
le sang-froid et l'entrain qu'ils ont montrés dans
leurs fonctions respectives, dans l'accomplissement
de la mission qui leur était confiée. »

33° † M. l'abbé SANTAILLER Jean-Marie, des Chopins,
(clerc minoré), disparu le 4 septembre 1916, a été
cité à l'ordre du jour de la brigade le 21 août 1915
comme sergent au 159ᵉ d'infanterie : « Blessé deux
fois, revenu sur le front le 4 février, a pris part aux
combats des 9 mai, 16 juin, 14 juillet, et a fait preuve
en toutes circonstances de beaucoup de sang-froid,
de bravoure et de bonne humeur. »

Comme sous-lieutenant il a été cité à l'ordre de la
division, le 14 février 1916 : « Jeune officier tout à
son devoir. Le 28 janvier 1916, appelé à l'improviste
à prendre le commandement d'une compagnie pri-
vée de ses officiers et soumise à un bombardement
violent, s'est immédiatement imposé par son calme et son sang-froid à la confiance de ses hommes
et a maintenu sa troupe sur ses positions, malgré les
attaques réitérées des grenadiers ennemis. »

34° † SAPIN Louis, soldat au 159° R. I., a été cité à l'ordre du régiment par le lieutenant-colonel Pettelat, le 20 décembre 1916 : « Soldat très crâne et plein d'allant; a été blessé mortellement le 16 décembre 1916, au cours d'un coup de main auquel il participait comme volontaire. »

35° † THÉVENET Joanny, du Fay, tombé glorieusement à Metzéral, appartenait au 133 R. I., qui, deux fois vainqueur en trois semaines, les 15 et 16 juin, au Sillackerwasen, près de Metzéral et les 8 et 9 juillet à la Fontenelle, fut cité tout entier à l'ordre de la 7° armée par le général de Maud'huy.

Voici d'abord la note lue aux troupes avant l'attaque de 830 :

« Le Lieutenant-Colonel estime qu'il n'a de recommandation d'aucune sorte à faire à ses poilus.

« Il sait qu'il peut compter sur eux en tout.

« Il sait qu'ils sont de taille à éclipser la renommée des fameux diables bleus qui vont combattre à nos côtés.

« Il se contente donc d'applaudir d'avance à leur succès dont il est certain.

« En avant, poilus ! Et carrément ! Songez à notre Patrie ! » 15 juin, 10 heures. — Signé : F. BAUDRAND.

Voici maintenant, in-extenso, la citation à l'ordre du régiment du 17 juin :

« Braves soldats du 133° ! Vous avez, comme j'en étais persuadé d'avance, remporté un fort beau succès qui sera d'un grand poids sur l'issue heureuse de la bataille de Metzéral que la 7° armée est en train de transformer en une belle victoire.

« Le 15 juin 1915, vous avez brillamment enlevé à la côte 830, une position très dure et très fortifiée, contre laquelle auparavant s'étaient successivement brisés avec de lourdes pertes les efforts de trois régiments.

« Vous avez fait près de 300 prisonniers (dont 8 officiers) avec armes et bagages; pris 4 mitrailleuses,

2 lance-bombes, un gros minenwerfer, quantité de munitions et de matériel de toutes sortes.

« Je suis fier de mon régiment !

« Le Général commandant la 47ᵉ division et le général de Maud'huy, commandant la 7ᵉ armée, m'ont prié de vous adresser, avec leurs plus sincères félicitations leurs chaleureux remerciements pour l'aide que vous leur avez apportée.

« Notre Général de division de Saint-Dié, en outre, me prie d'adresser à son beau et brave 133ᵉ toutes ses félicitations pour sa brillante attitude.

« Honneur au 133ᵉ ! »

« Le lieutenant-colonel, commandant le Régiment : F. BAUDRAND.

Notre brave Thévenet fut tué en Alsace, le 15 juin 1915, en montant crânement à l'assaut d'une position très fortement organisée qui a été conquise.

36° THUILIÈRE Claude, du Car-de-Sagnié, appartenant à la 2ᵉ compagnie des mitrailleuses du 332ᵉ R. I., dont il fut aide-chargeur, a été cité le 17 mai 1916 à l'ordre de la division par le général Tauffliel, commandant la 69ᵉ D. I. : « Exclusivement composée de territoriaux, a prouvé pendant six jours, au Mort-Homme, dans des circonstances très difficiles qu'on fait la guerre plus encore avec son cœur qu'avec ses jambes, ayant eu 3 tireurs blessés sur 4, à leur poste de combat a, néanmoins, favorisé la progression d'une attaque par l'efficacité de son feu, grâce au calme et au sang-froid de tous. »

37° VERMOREL Antoine, des Farjus, fut cité le 26 janvier 1919 à l'ordre du régiment par le lieutenant-colonel Hauser, commandant le 454ᵉ régiment d'artillerie lourde : « Excellent canonnier, modeste et courageux, a pris part dans l'infanterie aux combats du Bois-le-Prêtre et de l'Argonne 1915, de Verdun, de Champagne et de la Somme 1916, de l'Aisne 1917. »

Conclusion

D'après les citations de nos chers soldats de Marchampt, il est facile de conclure à leur héroïsme, durant cette guerre unique dans l'histoire par la durée, la violence, la continuité de l'action en toutes saisons, la puissance des armements, la variété des moyens mis en œuvre pour atteindre le but.

Leur héroïsme constituera un titre de gloire pour leur petite patrie qui sera de plus en plus aimée de leurs concitoyens et des générations futures.

Puissions-nous par ce travail qui est un hommage rendu aux Pasteurs de la paroisse et aux soldats de Marchampt avoir répondu aux désirs si légitimes de nos bien-aimés fidèles !!!... Originaires, pour la plupart d'entre eux, de la commune (de Marchampt), ils se rappelleront avec plaisir tout le passé glorieux et aimeront davantage leur petite patrie. Respectueux de leurs ancêtres, ils maintiendront les traditions d'une vraie piété et d'un labeur constant qui ont toujours caractérisé cette population si intéressante du Haut-Beaujolais.

Table des Matières

LYON — IMP. J. PERROUD, R. CHARITÉ, 1º 14.

www.ingramcontent.com/pod-product-compliance
Ingram Content Group UK Ltd.
Pitfield, Milton Keynes, MK11 3LW, UK
UKHW021431090726
13657UKWH00003B/1032